Le suicide

Comment prévenir, comment intervenir

MONIQUE SÉGUIN
et
PHILIPPE HUON

Avec la collaboration de
Judy Lynch, Mélanie Bouchard,
Sylvain Benoît et Marie-Ève Girard

Le suicide

Comment prévenir,
comment intervenir

Les Éditions
LOGIQUES

LOGIQUES est une maison d'édition reconnue par les organismes d'État responsables de la culture et des communications.

Nous remercions le Conseil des Arts du Canada et la Société de développement culturel du Québec de l'aide accordée à notre programme de publication.

Canadä Nous reconnaissons l'aide financière du gouvernement du Canada par l'entremise du Programme d'Aide au Développement de l'Industrie de l'Édition (PADIÉ) pour nos activités d'édition.

Révision linguistique: Corinne de Vailly, Monique Thouin
Mise en pages: PAGEXPRESS
Graphisme de la couverture: Christian Campana

Distribution au Canada:
Québec-Livres, 2185, autoroute des Laurentides, Laval (Québec) H7S 1Z6
Téléphone: (450) 687-1210 • Télécopieur: (450) 687-1331

Distribution en France:
Casteilla/Chiron, 10, rue Léon-Foucault, 78184 Saint-Quentin-en-Yvelynes
Téléphone: (33) 01 30 14 19 30 • Télécopieur: (33) 01 34 60 31 32

Distribution en Belgique:
Diffusion Vander, avenue des Volontaires, 321, B-1150 Bruxelles
Téléphone: (32-2) 762-9804 • Télécopieur: (32-2) 762-0062

Distribution en Suisse:
Diffusion Transat s.a., route des Jeunes, 4 ter, C.P. 1210, 1211 Genève 26
Téléphone: (022) 342-7740 • Télécopieur: (022) 343-4646

Les Éditions LOGIQUES
7, chemin Bates, Outremont (Québec) H2V 1A6
Téléphone: (514) 270-0208 • Télécopieur: (514) 270-3515

Le suicide – Comment prévenir, comment intervenir.

ISBN 2-89381-445-X
LX-568

Sommaire

Préambule

Ce livre aujourd'hui réédité, a vu le jour il y a long-temps sous la forme d'un petit dossier technique publié dans une édition limitée par le Conseil québécois de l'enfance et de la jeunesse (CQEJ). Trois années après la parution de ce guide, un livre a été publié par les Éditions LOGIQUES. Huit ans encore se sont écoulés depuis la première édition du dossier technique sur le suicide. Me voilà qui me remets à la tâche afin d'ajouter de nouvelles données, de nuancer certains propos, de clarifier quelques concepts, cette fois-ci sans l'appui et le soutien de mon coauteur Jean Phaneuf, décédé en février 1988, avec qui j'avais collaboré à l'écriture du dossier technique. Douze années ont passé depuis son décès et sa collaboration me manque toujours. Malgré son absence physique, l'écho de ses interventions ainsi que le souvenir de ses qualités d'aidant se retrouvent dans la rédaction de la présente édition. Les qualités personnelles de plusieurs intervenants de centres de crise et de centres de prévention du suicide m'ont guidée. C'est d'ailleurs avec beaucoup d'humilité que j'ai abordé le sujet du suicide car, d'une part, les intervenants de CPS sauront en parler mieux que moi, et que d'autre part, cette formation est maintenant universelle et appartient à tous les intervenants de crise œuvrant auprès des personnes suicidaires.

Le contenu que je vous livre aujourd'hui a été bonifié par la collaboration d'un collègue et ami français, Philippe Huon, qui a travaillé dans la région de Colmar auprès de jeunes suicidaires. Il a abordé particulièrement l'aspect du suivi auprès de jeunes. Une collègue, Judy Lynch, a réécrit le chapitre sur le suicide chez les adolescents et tous les autres chapitres ont été rédigés conjointement avec les autres collègues brillants et prometteurs que sont Marie-Ève Girard, Mélanie Bouchard et Sylvain Benoît.

À l'origine, Jean souhaitait que notre dossier technique puisse être utile à au moins quelques intervenants. Aujourd'hui, nous savons qu'il n'avait pas à s'inquiéter: c'est mission accomplie, et j'espère à mon tour contribuer mon humble part à la préservation des vies menacées.

Monique Séguin

Introduction

Ce livre tente de cerner les principaux aspects de la problématique du suicide et de les présenter de façon simple et accessible. En un nombre de pages aussi limité, il est impossible de faire toutes les nuances souhaitées, ni de procéder à un examen exhaustif de la question. On souhaite plutôt fournir un guide pratique, facile à consulter, qui propose un modèle de compréhension du phénomène et de l'intervention auprès des personnes[1] en situation de crise suicidaire.

En raison de tout le contexte émotif qui entoure le suicide, il est souvent malaisé d'en parler. En revanche, nous sommes tous touchés par les statistiques publiées depuis plusieurs années qui constatent une augmentation sans cesse croissante des taux de suicide pour certains groupes d'âge dans notre société. Beaucoup d'entre nous se sentent démunis et dépassés par cette réalité. Nous sommes aussi tous interpellés par cette problématique qui nous oblige inévitablement à nous interroger sur nos propres valeurs, nos propres croyances et nos propres perceptions quant au sens de la vie.

Le suicide est un sujet tabou que l'on tait par inconfort ou par gêne au détriment d'une souffrance trop souvent tenue secrète. L'objectif premier de ce document est donc de répondre aux besoins des intervenants qui désirent se sensibiliser, se familiariser et s'outiller. Ainsi, ils pourront mieux dépister les signes suicidaires et intervenir auprès de personnes suicidaires.

Nous croyons fermement que tous les individus peuvent intervenir auprès des personnes suicidaires. À titre

---

1. Afin d'alléger la lecture, les mots *personne* ou *individu* désignent à travers le document tant un adolescent, un jeune adulte qu'une personne adulte. Le masculin est employé sans discrimination.

d'exemple, pensons à tous les bénévoles qui, après une formation de base, interviennent dans les centres de prévention du suicide à travers la province. Ces bénévoles ne sont pas tous des professionnels en santé mentale, ce sont des êtres humains qui se mettent à l'écoute de la souffrance et de la douleur d'autres personnes et interviennent afin de redonner espoir et d'aider à trouver des solutions pour résoudre des situations de crise. Nous croyons donc que tout individu sensible et sensibilisé au problème du suicide peut devenir un adulte bienveillant et protecteur à l'égard d'une personne vulnérable. Cette façon d'être caractérise déjà les premiers jalons de l'intervention auprès d'une personne qui souffre. Nous aborderons de quelle manière il est possible d'intervenir tout en respectant les limites et les cadres d'intervention de chacun.

Un suicidaire est une personne qui souffre. C'est une personne qui vit une crise dont l'ampleur la dépasse, elle se sent impuissante et n'arrive pas à diminuer la souffrance et le désarroi qu'elle vit. C'est donc cette souffrance qu'il nous faut percevoir et écouter. C'est en se positionnant comme témoin de la souffrance de l'autre que l'on contribue à valider l'ampleur de cette même souffrance et, ce faisant, à l'atténuer. Il est important de transmettre à la personne suicidaire la conviction que quelque chose peut changer. C'est en étant présent, en écoutant, en créant un lien authentique et honnête que nous transmettrons l'espoir.

Dans une perspective plus large, il est important que nous nous interrogions sur la qualité de la vie et la qualité de nos rapports humains. Il est primordial que nous soyons en mesure d'engager un dialogue ouvert et honnête et de favoriser un climat de communication qui permette d'entendre et d'écouter l'autre dans ses joies et bonheurs comme dans sa souffrance et sa peine. Cette ouverture à l'autre est à la base de la prévention du suicide. C'est dans ce climat que pourront s'exprimer les forces et le potentiel de chacun.

Chapitre 1

Préjugés

Parmi ces exemples du quotidien, identifiez les phrases ou situations qui vous paraissent représenter avec exactitude la réalité.

❏ «Tout allait bien avant son suicide, il faisait même des projets. C'est arrivé sans avertissement, cela doit être un coup de tête.»

❏ «En réalité, il était décidé à mourir et rien n'aurait pu changer ses plans. D'ailleurs, il avait déjà essayé.»

❏ «Il n'est pas étonnant qu'il se soit suicidé; un de ses oncles s'est aussi suicidé il y a quelques années. Ils sont plutôt étranges dans cette famille.»

❏ «L'automne, c'est déprimant... Ce n'est pas surprenant qu'il y ait davantage de suicides.»

❏ «Je crois que François ne se sent pas bien, il est très déprimé. Il affirme vouloir mettre fin à ses jours, mais il ne le fera sûrement pas. Si c'était vraiment sérieux, il n'en parlerait pas de cette façon.»

- ❏ «Cela prend du courage pour faire un tel geste!»

- ❏ «Vaut mieux ne pas parler de suicide aux jeunes, cela risquerait de leur donner des idées.»

- ❏ «Il veut seulement de l'attention. C'est pas sérieux, ses menaces suicidaires.»

- ❏ «Quand j'y repense, je ne peux pas croire que c'est seulement à cause de la rupture avec son petit ami qu'elle s'est suicidée. Il devait y avoir autre chose.»

- ❏ «Comment veux-tu le prendre au sérieux? Dix aspirines!»

- ❏ «Il a perdu le contrôle de la voiture. Ce sont les freins qui n'ont pas tenu le coup. Je ne peux pas croire que c'est un suicide...»

- ❏ «S'il y a tant de suicides chez les jeunes, c'est à cause des messages cachés dans la musique qu'ils écoutent. Ils l'ont dit à la télévision.»

- ❏ «C'était son choix...»

Parmi les énoncés présentés, certains vous ont-ils paru exagérés? Pourtant, on remarque que certains de ces préjugés sont bien ancrés dans les mentalités. Ces énoncés populaires prennent racine dans notre propre inconfort face au suicide. Il est en effet plus rassurant, par exemple, de croire que François ou Marie n'a pas fait part de ses intentions ou montré de signes, plutôt que d'accepter le fait que personne n'a vraiment cru possible qu'il ou qu'elle se suicide.

Malheureusement, ces mêmes préjugés influencent aussi le suicidaire. Souvent par peur d'être jugée, cette personne évite d'en parler aux membres de son entourage. Elle éprouve une crainte bien réelle de se faire répondre par des phrases comme celles-ci:

— «Es-tu devenu fou?»
— «Ne blague pas, tu n'es pas drôle.»
— «Ne t'en fais pas, cela ira mieux demain matin.»

Ces réactions ne sont pas le produit de gens méchants ou insensibles. Bien au contraire, ce sont peut-être des réponses de gens très sensibles qui ont besoin de se protéger en s'éloignant des propos suicidaires d'un proche ou d'une personne aimée.

Il arrive fréquemment que nous nous réfugions derrière des préjugés afin de nous préserver d'un contact trop intime avec la souffrance, car celle-ci nous fait peur ou nous rend mal à l'aise. D'ailleurs, l'objectif des préjugés est de diminuer la dissonance cognitive et de nous protéger d'une réalité difficile à accepter.

FAITS ET RÉALITÉ

Nous ne sommes pas toujours exempts de préjugés. Tenter de rattacher les énoncés suivants aux précédents devrait vous permettre de vous situer face à ces préjugés. De plus, vous serez en mesure de mieux dégager la réalité des préjugés communs à tous.

Impulsivité

Huit personnes sur 10 donnent des signes précurseurs de leurs intentions ou en parlent avant de faire une tentative de suicide. Il est faux que: «S'ils n'en parlent pas, ils le feront», et aussi faux que: «S'ils en parlent, ils ne le feront pas». L'intention suicidaire ou la crise suicidaire est un processus, alors que le passage à l'acte peut se produire de manière impulsive. De même, pour la personne qui souffre, le suicide est une façon de mettre fin à une douleur intolérable et ceci, après avoir tenté de plusieurs façons, sans succès, de trouver une solution à ses problèmes. Or, il vaut toujours mieux prendre au sérieux les verbalisations suicidaires et vérifier auprès de l'individu s'il souffre au point de vouloir mourir.

Néanmoins, l'impulsivité n'est pas en soi une cause du suicide, mais plutôt un facteur de risque individuel parmi tant d'autres.

En général, le suicide est l'aboutissement d'un processus. Les événements qui déclenchent le processus suicidaire sont souvent les derniers éléments d'une chaîne de pertes affectives qui ont rendu l'individu plus vulnérable, fragile et démuni face aux échecs. Donc, le geste suicidaire est le résultat d'un processus de fragilisation, rarement le fait d'un événement isolé.

Le «choix»

On entend souvent dire que le geste suicidaire est le choix de l'individu, que c'est lui qui décide de mettre fin à sa vie. Il est toujours difficile d'aborder la question du choix parce qu'elle vient heurter la notion de liberté fondamentale.

Par contre, par le suicide, l'individu ne recherche pas nécessairement la mort, mais une manière de mettre fin à la souffrance qui a atteint un seuil insupportable. Pour l'individu qui croit avoir épuisé toutes ses ressources, le recours au suicide peut sembler la seule solution à une douleur devenue accablante.

Pour la personne suicidaire, le suicide ne fait pas partie de diverses options mais apparaît souvent comme le seul recours qui demeure. En fait, ce n'est pas que le suicide soit le seul qui lui reste, mais probablement le seul choix que l'individu en souffrance perçoit et auquel il porte de plus en plus attention. Donc, dans ce contexte, le suicide ne résulte pas vraiment d'un choix, mais d'un manque de choix.

Lâcheté et courage

Interpréter le suicide en termes de lâcheté et de courage ne permet pas d'expliquer la réalité. La plupart des personnes suicidaires ne justifient pas le suicide comme un geste de lâcheté ou de courage. Pour elles, le suicide est une manière de mettre fin à leurs souffrances. Il n'est donc pas question ici de sensationnalisme ou d'héroïsme. Cette interprétation du geste en termes de lâcheté et/ou de courage émane davantage d'un jugement de valeur que d'une réelle sensibilité à l'égard de la souffrance des suicidaires.

Percevoir le geste suicidaire en termes de lâcheté et de courage n'est qu'une façon de sous-entendre que seuls les gens «lâches» ou «courageux» ont recours au suicide, et non les autres. Le fait que certaines personnes croient que le suicide est courageux peut de toute évidence influencer de façon tragique le choix des jeunes vulnérables et influençables qui vivent des difficultés majeures. Cette perspective du suicide peut donc faire croire à certains individus qu'en se suicidant ils pourront, en plus de mettre fin à leurs souffrances, trouver l'attention tant désirée.

Réversibilité du processus

Des tentatives de suicide et des idéations suicidaires peuvent survenir à l'occasion d'une période de crise, comme dans le cas d'une rupture amoureuse, une période de perte, de transition ou de changements importants, plus particulièrement chez des gens déjà vulnérables. En effet, si certaines personnes, à l'occasion de périodes de crise, ne pensent jamais au suicide, d'autres, plus vulnérables, peuvent manifester des comportements suicidaires.

Lorsque cette crise est passée, il se peut que la personne ait acquis de nouvelles habiletés liées à la résolution de problèmes et qu'elle ne revive plus de crise suicidaire. Il est donc faux de croire qu'un individu qui a un jour été suicidaire le sera toute sa vie.

Il est vrai que certains individus développent des comportements suicidaires chroniques. Chez les adolescents, 40 % de ceux qui se suicident ont déjà fait des tentatives dans le passé. De plus, de 10 % à 15 % de ceux qui récidivent finissent tôt ou tard par s'enlever la vie (Conseil permanent de la jeunesse, 1997). Ces personnes réagissent aux frustrations, aux déceptions et aux pertes par un découragement tel que la tentative de suicide leur apparaît comme étant l'unique recours pour mettre un terme à la souffrance provoquée par tous ces événements. Les personnes suicidaires se perçoivent souvent comme démunies des ressources personnelles nécessaires pour affronter les difficultés de leur vie. Lorsque la souffrance devient insupportable, le suicide leur paraît être la seule façon d'y mettre fin. D'après le Conseil permanent de la jeunesse (1997), plusieurs facteurs augmentent les risques de récidive chez les jeunes suicidaires: la présence de troubles de l'humeur, des conflits interpersonnels, des troubles de personnalité, une consommation abusive de médicaments (antidépresseurs tricycliques), de drogues ou d'alcool, etc.

Lorsque nous devons intervenir auprès de ces individus, il arrive souvent que nous nous sentions impuissants. Cette même impuissance peut susciter des réactions de frustration et de colère qui peuvent nous amener à réagir par le rejet de cette personne.

«Elle ne veut pas s'aider.»

«Je perds mon temps à intervenir auprès d'elle.»

Bien que ces personnes éprouvent plusieurs difficultés aux multiples facettes, il n'en demeure pas moins qu'elles vivent une souffrance concrète. Une consultation professionnelle serait alors tout indiquée.

Il est donc possible d'intervenir et d'aider un individu qui pense au suicide. Le fait de penser à mettre fin à ses jours n'entraîne pas automatiquement un passage à l'acte. Nous avons déjà suggéré que le suicide est l'aboutissement d'un processus. Nous croyons qu'il est possible d'intervenir dans le cours de ce processus et de rétablir progressivement un retour à l'équilibre.

Amélioration subite

Habituellement, lorsqu'il y a amélioration après une période de souffrance intense, ce mieux-être se produit graduellement, à la suite d'efforts soutenus. Il est plutôt inhabituel d'observer une amélioration subite et spectaculaire; il faut donc s'en méfier. L'entourage doit rester vigilant puisque plusieurs suicides se produisent dans les quelques mois qui suivent une «amélioration subite» après une crise. Cette transformation ne constitue pas un signe absolu de mieux-être ou une garantie que les intentions suicidaires sont mises de côté. Au contraire, la personne suicidaire peut avoir choisi de rassurer les gens de son entourage en laissant croire qu'elle va mieux, afin que ceux-ci retournent à leurs propres activités en toute sérénité, devenant ainsi moins vigilants. C'est à ce moment que la personne en souffrance prépare son scénario suicidaire en toute tranquillité.

La période de l'année, la région géographique et le statut économique

La période de l'année: beaucoup d'hypothèses existent quant au mois de l'année, au jour de la semaine, aux heures de la journée où il y aurait la plus haute incidence de suicides. Par contre, peu d'études confirment une tendance ou une autre. Il serait certainement utile de prévoir à quelle période de l'année les individus plus vulnérables vivent des événements stressants qui provoquent un état de crise (ex.: période de Noël pour les personnes très seules, période des examens pour les étudiants, etc.). Cependant, une crise peut se produire à n'importe quel mois, jour ou heure de l'année!

La région géographique: hors du débat qui met en opposition le milieu rural et le milieu urbain, les statistiques démontrent que les suicides se produisent partout. Cependant, il est vrai qu'au Québec certaines régions ont des taux de suicide plus élevés. Soulignons que ces régions sont souvent plus défavorisées économiquement. Le lien entre pauvreté et suicide n'est pas direct. Par contre, les difficultés économiques peuvent entraîner une cascade d'événements stressants qui s'ajoutent à un contexte de vie déjà difficile. Il faut d'ailleurs considérer la pauvreté sociale, aussi bien que la pauvreté économique, comme étant l'un des facteurs qui contribuent à créer un contexte de crise personnelle.

Le statut économique: la richesse économique n'est pas un bouclier qui protège de la douleur et de la souffrance. Des suicides se produisent dans des familles ayant un statut économique élevé tout comme dans des familles ayant un statut économique plus faible. On remarque tout de même une certaine corrélation entre le suicide et les difficultés d'ordre économique. Sans conclure à un phénomène de cause à effet, reconnaissons que plusieurs personnes vulnérables vivent aussi des difficultés économiques.

L'hérédité

Les familles qui ont perdu un proche par suicide s'inquiètent souvent du fait que le suicide puisse être héréditaire et donc se transmettre à d'autres membres de la famille. L'incidence des difficultés psychologiques au sein d'une famille est souvent la résultante de dimensions héréditaires et environnementales. Néanmoins, les dimensions familiales et environnementales peuvent avoir un effet déterminant sur la trajectoire de vie d'un individu. Ainsi, la vulnérabilité au suicide se situe au confluent d'éléments divers. La présence de prédispositions personnelles et de psychopathologies familiales peut entraîner des difficultés dans le développement de relations d'attachement saines et stables au cours de la vie.

L'intention suicidaire

Il faut toujours prendre au sérieux l'intention suicidaire, quelle qu'elle soit. L'intention n'est pas nécessairement liée à la gravité du geste. L'intention suicidaire est l'expression d'un malaise, un appel à l'aide, un cri d'alerte qu'il faut entendre et auquel il faut répondre. L'intention suicidaire peut être diluée dans le temps ou se transformer rapidement et de manière cyclique au sein d'une même journée. En fait, cette intention réfère aux capacités de l'individu d'entrevoir d'autres recours que le suicide ou, au contraire, montre à quel point il demeure déterminé dans ses intentions malgré des interventions positives.

Il arrive parfois que des suicidaires annoncent qu'ils participeront à des activités et se suicident avant que celles-ci aient lieu, nous laissant un doute quant à l'impulsivité de leur geste. Cet état de fait caractérise bien l'ambivalence du geste suicidaire. Il est possible que la personne suicidaire ait été positive par rapport à ces projets, mais qu'à un moment donné elle se soit sentie incapable de supporter sa souffrance. À ce moment, elle croit que rien ne pourrait réussir à apaiser sa douleur, pas même des activités déjà planifiées. Le suicide représente à ses yeux son seul moyen de répit.

En parler... c'est inciter à le faire

Beaucoup de parents ou d'éducateurs craignent de parler du suicide aux jeunes. Ils croient que le fait d'en parler à un jeune qui n'y avait jamais pensé puisse l'inciter à recourir à cette solution.

Parler du suicide, c'est avant tout ouvrir la porte à un dialogue, écouter la souffrance de l'autre et en accepter l'existence. Demander: «Penses-tu à te suicider?» c'est reconnaître le malaise et favoriser le «Parle-moi de ce qui ne va pas». En discuter permet à la personne de ventiler, d'exprimer une idée, une émotion qui l'habite et de dissiper graduellement l'angoisse. Il vaut mieux parler de cette souffrance et la traduire en mots. De cette manière, l'individu pourra éprouver sa douleur comme plus supportable et envisager des recours autres que le suicide. Par ailleurs, l'objectif des programmes de prévention du suicide est de parler non seulement de suicide, mais également de santé mentale et de bien-être, ainsi que des moyens à développer pour être plus efficace sur le plan de la résolution de problèmes.

En fait, il serait sans doute plus judicieux de parler du suicide, mais pas de n'importe quelle manière et pas dans n'importe quelles conditions. Il faut savoir à quelle population s'adresse notre message et le développer en conséquence. Dans le même sens, il est souvent plus profitable, à long terme, de ne pas cacher aux enfants et aux adolescents la cause réelle de la mort d'un proche si celle-ci a été un suicide. Les enfants et les adolescents ne sont pas aussi naïfs que l'on pourrait le croire. Il est possible que les jeunes apprennent d'une façon insoupçonnée la vraie nature de la mort d'une personne chère. Cette découverte, si la famille cherche à cacher la vérité, ne fera qu'envenimer la situation et qu'accentuer la déception ainsi que le manque de confiance dans un moment critique. Il vaut généralement mieux être ouvert et émettre les faits au sujet du suicide, afin que les endeuillés puissent vivre leur deuil adéquatement.

La manipulation

«Il fait ça pour nous manipuler!» Souvent, on peut penser ou croire que les personnes suicidaires ne sont que manipulatrices. Ceci n'est qu'une simplification du problème. La réalité affective et émotive du geste suicidaire est plus complexe.

Certains comportements peuvent toutefois être de type manipulateur; dans ces situations, une consultation professionnelle devrait être envisagée. La manipulation face au suicide est un jeu de «Pierre et le loup» aux enjeux trop importants pour qu'on néglige la douleur et la souffrance qui sont à son origine. De plus, la manipulation est en soi un trouble comportemental qui mérite une attention particulière. En fait, la manipulation peut révéler d'autres problèmes: possessivité, agressivité, égoïsme, etc. Donc, si une personne tente d'en manipuler une autre en menaçant de se suicider ou en induisant les gens en erreur au sujet de ses intentions suicidaires, il faut être conscient que cette attitude révèle un trouble sévère dont il est important de vérifier la nature.

Suicide et santé mentale

Une crise suicidaire n'indique pas nécessairement que la personne a des problèmes de santé mentale. Même si plusieurs personnes ayant des problèmes psychologiques peuvent être suicidaires, toutes les personnes suicidaires ne sont pas aux prises avec la maladie mentale, et toutes celles qui ont de tels problèmes ne se suicident pas. Toutefois, une majorité des adolescents qui se suicident ont aussi des problèmes de santé mentale. Étant donné ce nombre élevé, il est important, lorsqu'on discute avec des jeunes de la relation entre le suicide et la santé mentale, de mettre en relief le lien fort qui les unit, sans quoi on risque de banaliser le geste. De cette façon, on peut considérer et expliquer la maladie mentale non pas comme une cause de suicide mais comme une caractéristique importante retrouvée chez plusieurs personnes suicidaires ou suicidées.

Malgré tout, une meilleure formation, qui sensibiliserait les intervenants à un dépistage précoce de certaines difficultés de santé mentale telles que les troubles affectifs, permettrait d'intervenir plus adéquatement et de ne pas associer à tort les cas de détresse non pathologique à la maladie mentale (Santé Canada, 1994).

L'augmentation du taux de suicide

On remarque que les comportements suicidaires ont augmenté de façon alarmante chez les jeunes de 15 à 24 ans et chez les hommes de 20 à 45 ans. Pour tenter d'expliquer cette situation, différents auteurs ont avancé certaines hypothèses. Une première hypothèse suppose que la place qu'occupe le suicide dans l'actualité suscite chez les coroners et les médecins légistes une plus grande sensibilisation à ce phénomène, favorisant ainsi une déclaration plus juste des suicides. Cependant, le Conseil permanent de la jeunesse (1997) laisse entendre qu'il y aurait une augmentation réelle des suicides chez les jeunes de 15 à 24 ans et les hommes de 20 à 45 ans. De plus, on remarque aussi une tendance chez les femmes à faire beaucoup de tentatives de suicide et chez les hommes à compléter davantage leur projet de suicide.

Une autre piste d'explication réside dans l'attitude des jeunes envers le suicide. Bold (1982) émet l'hypothèse que la génération d'aujourd'hui favorise plus que les générations précédentes ce comportement comme solution acceptable. Il suppose que les facteurs qui inhibaient ce geste chez les générations précédentes, comme la religion et la justice, ont peu de sens chez les jeunes aujourd'hui.

Cependant, de façon générale, le suicide chez les jeunes ou chez les adultes s'explique par des facteurs de risque qui prennent de plus en plus d'ampleur dans la vie des sujets. Voici une énumération des facteurs de risque chez les jeunes.

FACTEURS DE RISQUE CHEZ LES ADOLESCENTS

Facteurs individuels

→ Peu de facilité à développer des mécanismes d'adaptation
→ Antécédents suicidaires
→ Troubles d'apprentissage et d'impulsivité
→ Désordres psychologiques affiliés à une dépression, à une conduite antisociale ou à l'abus de drogues ou d'alcool

→ Difficultés chroniques dans les relations avec les pairs

→ Relation d'attachement problématique avec les parents

→ Perte d'une personne importante tôt dans la vie

→ Remise en question de l'orientation sexuelle

Facteurs familiaux

→ Isolement et problème d'intégration sociale

→ Ne retrouve pas dans la famille l'aide appropriée

→ Problèmes de santé mentale chez un ou plusieurs parents

→ Antécédents suicidaires dans la famille

→ Présence d'abus et de négligence

Facteurs psychosociaux

→ Décès ou divorce des parents

→ Accès possible à des moyens létaux (armes à feu, médicaments)

→ Consommation de drogues et/ou d'alcool

→ Relation conflictuelle majeure avec un membre de la famille

→ Taux élevé de chômage et de pauvreté

→ Acceptation du sensationnalisme dans la représentation du suicide par les médias

→ Imitation ou contagion des comportements suicidaires

→ Sensation de rejet par la famille, par les pairs ou perte d'une relation importante (amitié ou amour)

→ Échec scolaire, expulsion et pressions pour réussir

Bien que ces données appuient le postulat d'une augmentation réelle des taux de suicide, elles ne fournissent que peu d'explications sur les causes de ce phénomène. Or, il existe quelques signes précurseurs qui permettent de distinguer et de dépister un jeune en crise: le stress, des troubles de l'appétit, des troubles du sommeil, l'abus de drogues et d'alcool. Les prochains chapitres feront état du processus suicidaire.

Avant de clore ce chapitre sur les mythes liés au suicide, mentionnons que les réponses de l'entourage aux verbalisations suicidaires d'un individu en crise se caractérisent souvent par des réactions qui traduisent le déni, le scepticisme et le malaise.

Le suicide est un sujet tabou et les mythes qui l'entourent sont nombreux et clairement présents dans la société, tels ceux que nous venons d'énoncer.

À ce sujet, Morrissette (1984) mentionne que:

> «*Certains de ces mythes comportent une part de vérité mais, pour la plupart, il s'agit de fabulations pures et simples qui ne sont pas validées par l'observation du phénomène. Toutefois, les mythes et les tabous entourant le phénomène du suicide ont une fonction sociale importante: protéger l'environnement contre les divers sentiments (culpabilité, agressivité, impuissance) suscités par le comportement suicidaire et fournir des explications sécurisantes.*» (p. 79)

EN RÉSUMÉ

- Les préjugés nuisent à un véritable dialogue sur le suicide.
- Le suicide peut être prévenu, puisque la majorité des individus en crise suicidaire donnent des signes de détresse identifiables.

- Il est possible de faire de la prévention et de sauver des vies en prenant au sérieux toute verbalisation ou tentative et en abordant directement le sujet du suicide avec les personnes concernées.

- Bien que nul ne soit à l'abri d'événements stressants et de difficultés et que l'on puisse difficilement prévoir de manière certaine le suicide d'un individu, les personnes plus vulnérables qui accumulent des pertes et des échecs sont tout de même plus à risque de se suicider que d'autres.

Références

Conseil permanent de la jeunesse (1997). *Le point sur la délinquance et le suicide chez les jeunes.* Québec: Bibliothèque nationale.

Morrissette, P. (1984). *Le suicide: démystification, intervention, prévention.* C.P.S. Québec: Bibliothèque nationale.

Piché, T. et Séguin, M. (1997). Guide à l'usage des intervenants de l'Outaouais. Québec: Centre 24-7.

Santé et Bien-être social Canada (1987). *Le suicide au Canada. Rapport du groupe d'étude nationale sur le suicide au Canada.* Ottawa: Santé et Bien-être social Canada.

Santé Canada (1994). *Le suicide au Canada. Mise à jour du rapport du groupe d'étude sur le suicide au Canada.* Ottawa: Santé Canada.

| Chapitre 2 |

Les facteurs
de vulnérabilité-résilience

Depuis le début des années 70, le suicide est devenu un problème de santé publique majeur au Canada et au Québec. Au Québec, le taux de suicide a plus que triplé, passant de 5 pour 100 000 en 1960 à 19,5 pour 100 000 en 1995. C'est surtout chez la population des adolescents et des jeunes adultes que le Québec affiche des taux élevés et ceux-ci, selon les années, ne sont dépassés que par deux ou trois pays (Tousignant, 1995).

Pourtant, tous les jeunes ne se suicident pas. Selon Cloutier (1996), seul un petit pourcentage des adolescents ont une adolescence difficile. D'ailleurs, la majorité des adolescents vivent une période d'adolescence sans grande difficulté. Par conséquent, comment peut-on expliquer que certains jeunes aient des difficultés personnelles si intenses qu'ils en viennent au suicide?

Le concept de résilience de Rutter et de plusieurs autres auteurs explique en partie ce phénomène. Selon eux, l'observation de la résilience dans le cours du développement du suicide peut nous permettre de mieux comprendre les interactions complexes pouvant mener au suicide. D'abord, la résilience est la capacité d'un individu à réagir devant l'adversité. La résilience pourrait être illustrée au moyen d'un ressort, puisque celle-ci permet à une personne de rebondir, tel un ressort, à la suite d'une situation difficile. En effet, face à une crise ou à un événement tragique, les individus ne réagissent pas tous de la même façon et ne peuvent pas rebondir de la même manière, avec la même force ou la même puissance. Certains démontrent plus de facilité à réagir, alors que d'autres éprouvent davantage de difficultés à le faire. La résilience est un facteur déterminant de la capacité à faire face aux situations difficiles, qui varie d'un individu à l'autre. Par contre, quelques questions subsistent dans l'esprit des chercheurs: Qui a cette capacité de rebondir et selon quelles conditions?

LE MODÈLE DE VULNÉRABILITÉ ET DE RÉSILIENCE

La capacité de réagir à une perte importante se construit tout au long de la vie et elle s'établit comme la résultante de l'interaction entre quatre composantes:

1. personnelle, qui favorise le développement de facteurs de protection ou de facteurs de risque selon les ressources internes disponibles;

2. développementale, qui détermine la capacité des individus à établir des relations d'attachement avec d'autres personnes importantes;

3. sociale et contextuelle, qui explique que certaines personnes subissent et accumulent plus d'événements stressants que d'autres;

4. biologique, qui détermine la vulnérabilité des personnes face à certains problèmes de santé mentale.
D'ailleurs, les ouvrages publiés sur les adolescents et
les jeunes adultes suicidaires fournissent beaucoup
de renseignements à propos de l'influence de la
famille sur la santé mentale. Les études récentes de
Brent (1996) démontrent que les enfants qui font des
tentatives de suicide dangereuses ont dans leur
famille des antécédents de suicides accomplis.

LES FACTEURS DE VULNÉRABILITÉ

La vulnérabilité est définie comme l'ensemble des caractéristiques de l'état d'une personne faisant augmenter les
risques de pathologie en présence d'un agent déclencheur. Les gens vulnérables sont des gens prédisposés
génétiquement, biologiquement ou psychologiquement à
la maladie ou à un dommage quelconque (Santé Canada,
1994). Certaines personnes sont très sensibles à des
sources de stress mineures, alors que d'autres sont
capables de fonctionner adéquatement même si elles
sont exposées à des sources de stress et d'inconfort
extrêmes. Le modèle de vulnérabilité-résilience suggère
qu'il existe un continuum de vulnérabilité plutôt que
deux pôles distincts.

Cette capacité à faire face aux événements difficiles
est déterminée par des facteurs personnels, développementaux, contextuels et biologiques qui, aux différentes
phases de la vie, interagissent avec les soins, la protection et l'encadrement affectif fournis par le milieu familial, conjugal et social. Certains individus vivent plus
d'expériences difficiles que d'autres. Certains s'en sortent
parce qu'ils connaissent des succès importants, ou parce
qu'ils ont trouvé dans leur entourage des individus qui
leur procurent des sentiments de confiance, de stabilité

et de sécurité. Cependant, d'autres vivent peu d'expériences de protection et, au contraire, ont un vécu ponctué de plusieurs déceptions, abandons et rejets.

Selon Rutter (1994), il faut, pour comprendre le phénomène de la résilience, adopter une perspective temporelle, tout en tenant compte du contexte de développement approprié. On peut déterminer des composantes de la résilience individuelle qui influencent soit un renforcement, soit une fragilisation de celle-ci: les relations d'attachement qui s'établissent dans le cours du développement; et l'accumulation d'événements dans la vie d'un individu; l'impact de la maladie mentale.

La composante développementale: l'effet des relations d'attachement

La perturbation des liens d'attachement, qui sont considérés comme un aspect central des relations personnelles et du développement psychosocial, augmente la vulnérabilité à la dépression. Les études ont observé que la perte d'un parent pendant l'enfance augmente la vulnérabilité au suicide. La théorie de l'attachement suggère que la qualité de la relation parentale est prédicatrice de la qualité de la relation future avec les pairs. Ainsi, l'incapacité d'établir des liens affectifs stables et sécurisants, à cause d'une situation familiale constamment perturbée, place l'individu dans une situation de fragilité et d'insécurité qui crée des difficultés dans sa capacité de développer des relations intimes à l'âge adulte. Les différentes relations d'attachement (Bowlby, 1980) au cours du développement ne sont pas indépendantes les unes des autres. Les premières relations d'attachement génèrent des attentes quant au fonctionnement et à la qualité des relations d'attachement ultérieures. Plusieurs études confirment l'hypothèse de la transmission directe de la qualité d'attachement d'un parent à son enfant (Bretherthon *et al.*, 1989; Cohn, 1989; George et Solomon, 1989; Grossman *et al.*, 1988; Main *et al.*, 1985). D'autres études font état d'une corrélation entre la qualité des premières relations d'attachement et la manière dont les individus interagissent ultérieurement dans leurs rapports sociaux et avec leur conjoint (Armsden et Greenberg, 1987; Crittenden, 1994).

Néanmoins, les théories de l'attachement laissent entrevoir la possibilité de transformations dans les relations d'attachement lorsqu'un changement se produit (VanIjzendoorn, 1995). Le mode d'attachement peut se modifier au cours du processus de maturation, à mesure que l'individu devient capable de mieux organiser et intégrer les informations complexes qui lui sont disponibles. Ceci provoque inévitablement des changements dans sa façon de se représenter à lui-même et de se présenter à l'autre (Beardslee, 1989). L'attachement est particulièrement instable chez les individus issus de familles marquées par des événements pénibles tels que des séparations multiples et le suicide. D'ailleurs, on remarque un risque suicidaire plus élevé chez les adolescents qui vivent un manque de stabilité familiale et chez qui les périodes de transition sont très courtes (Tousignant *et al.*, 1993).

La théorie de l'attachement est un concept majeur pour expliquer la vulnérabilité de certains individus en lien avec des difficultés d'adaptation à la suite de pertes importantes. Les expériences de séparation et de rejet placent l'individu dans une situation d'insécurité qui l'amène à mettre en question sa propre valeur; cela peut engendrer des difficultés dans sa capacité à renouer des liens d'attachement stables et sécurisants. L'incapacité de se sentir intimement lié à d'autres personnes entraîne encore plus d'hésitations et de doutes quant au sens de la vie. C'est dans cette perspective que les difficultés d'attachement augmentent la vulnérabilité face aux épisodes dépressifs.

On reconnaît également que le climat familial constitue le principal facteur d'influence qui augmente ou diminue le risque d'apparition de comportements suicidaires chez les jeunes (Adams, 1982). Plusieurs types de situations familiales sont inventoriés: les relations chaotiques, la violence et les abus physiques et sexuels, l'alcoolisme ou la toxicomanie des parents, les mésententes conjugales et les comportements suicidaires parentaux (Fareberow, 1985). Plusieurs études associent les abus physiques ou sexuels, l'immaturité et l'incompétence parentales de même que l'indifférence ou l'absence du père aux tendances suicidaires des jeunes. Sur un plan plus théorique, Brown (1985) soutient que l'absence d'échanges importants sur le plan émotif avec les parents nuit au sentiment d'estime de soi. Ces carences produisent un engourdissement de la vie émotive, trait fréquemment observé chez les personnes qui ont des désordres de personnalité et des conduites impulsives.

Les expériences d'instabilité, de séparation et de rejet interagissent avec les relations d'attachement tout au long de la vie de l'individu. Elles ont notamment comme conséquence de renforcer ou de fragiliser sa capacité d'adaptation.

La composante environnementale: l'accumulation d'expériences d'adversité

Quel est l'enchaînement des circonstances qui engage la vie d'un enfant dans un état de vulnérabilité en augmentant, par la suite, les probabilités de situations malheureuses qui déclencheront des difficultés de santé mentale et ultérieurement des comportements suicidaires? Car il faut bien que des facteurs continuent d'agir pour maintenir ces états de vulnérabilité, sans quoi les effets s'estomperaient au fil des ans.

Certains auteurs, dont Brown (1986), expliquent plutôt la tendance à la dépression par le développement cognitif des gens et par leur perception du malheur. Selon eux, il est possible que la dépression ne soit pas due à l'accumulation d'événements négatifs ou à l'impact d'un seul événement sur la vie d'une personne, mais plutôt à la perception que cette personne a de l'événement qui se produit. En quelque sorte, la personne qui croit réellement qu'un événement dévoile un échec effroyable risque de devenir dépressive tandis qu'une autre qui perçoit le même événement comme un apprentissage, une situation passagère, risque de mieux s'en sortir.

Donc, certaines personnes ont un comportement tel qu'elles multiplieront les ruptures sur le plan des relations interpersonnelles, des difficultés professionnelles ou scolaires, etc. C'est le cas de l'individu vulnérable qui tend à être souvent victime d'événements stressants qu'il a, pour ainsi dire, provoqués de façon plus ou moins directe, comme des peines d'amour à répétition ou des accidents de travail causés par la distraction, etc.

Plus l'individu expérimente des pertes et des blessures dues à l'abandon durant son enfance, plus il aura de la difficulté à modifier le courant de son existence, puisque ces expériences d'adversité créent un sentiment d'impuissance face à la vie. De cette façon, les obstacles risquent de continuer à s'accumuler sur son chemin, car l'individu ne réussira pas à développer ses capacités personnelles pour reprendre sa vie en main (Harris, 1986).

Impact des maladies mentales

La compréhension actuelle de l'étiologie de la dépression n'implique pas seulement la vulnérabilité biologique

(McGuffin *et al.*, 1991) ou de tempérament, mais aussi une interaction avec des facteurs développementaux (Rutter, 1985) et psychosociaux (Brown et Harris, 1986) qui peuvent refléter une vulnérabilité à la dépression. Il semble que l'interaction de facteurs génétiques ou développementaux influence les attitudes et la personnalité, augmentant la probabilité de se placer dans des situations où des événements de vie difficiles se produisent (Bebbington *et al.*, 1988). Brown *et al.* (1988) ainsi que Harris *et al.* (1986) mettent en lumière l'engrenage qui engage certaines personnes dans une cascade d'événements les rendant de plus en plus vulnérables à la pathologie. Cet engrenage a souvent comme point de départ une perte ou des situations de rejet graves au cours de l'enfance, qui viennent interférer avec l'établissement de relations d'attachement positives. Ces difficultés dans l'établissement de relations d'attachement peuvent se poursuivre tout au long de la vie et créer des insatisfactions ou des échecs relationnels répétés. Ces échecs répétés laissent l'individu toujours un peu plus vulnérable.

La vulnérabilité se situe à la jonction d'éléments divers. La présence d'une psychopathologie familiale peut entraîner des difficultés dans le développement de relations d'attachement saines et stables. La précocité des relations d'attachement peut augmenter la possibilité de provoquer une série d'événements plus ou moins contrôlés, comme des séparations, favorisant ainsi l'établissement d'un terrain fertile pour le développement de maladies mentales lorsque survient une difficulté. Dans cette perspective, on peut entrevoir une forme d'accumulation de l'adversité.

Histoires familiales et transmission intergénérations

Selon Hammen (1990), les femmes qui ont vécu dans leur enfance des expériences négatives avec leurs parents sont plus à risque de dépression; elles peuvent avoir moins de compétences parentales et leurs enfants sont aussi plus à risque de développer une psychopathologie. Ainsi s'esquisse la possibilité d'une transmission intergénérations du risque de dépression. Cette possibilité de transmission du risque s'enracine dans un cycle d'événements qui commence souvent avec des pertes précoces dans l'enfance. Ces pertes antérieures contribuent à provoquer des difficultés dans l'établissement de relations stables et sécurisées.

On voit donc ici s'établir le processus d'engrenage, décrit par l'étude de Brown et Harris (1988) menée auprès de jeunes mères, qui pousse les jeunes filles ayant vécu des carences familiales au cours de leur enfance dans un entonnoir qui les mène tout droit à la dépression. La carence parentale est souvent le premier maillon de la chaîne qui établit une trame selon laquelle celles qui sont victimes d'abus et de négligence pendant l'enfance risquent davantage d'avoir une faible estime de soi. Une enfance malheureuse pousse d'abord la jeune fille à chercher refuge et réconfort dans une relation romantique précoce afin d'oublier ses blessures narcissiques profondes. Si l'amant ou le futur époux présente un comportement irresponsable, ceci aura pour conséquence d'hypothéquer passablement la vie familiale et la possibilité de bien élever un enfant. Ainsi donc, une relation de couple insatisfaisante, la présence d'enfants et le manque d'habiletés parentales conduisent ces jeunes mères sur la voie de la dépression et des comportements suicidaires. De plus, cela engage leurs propres enfants sur la même voie de vulnérabilité, reproduisant

le cycle qu'elles ont vécu. D'autre part, une relation satisfaisante et sécurisante diminue les risques de comportements suicidaires et cela, malgré les blessures, car elle
arrête le processus d'engrenage enclenché par les abus
passés.

Toutefois, certaines personnes ont une grande capacité de résilience et, comme des chats, elles retombent
toujours sur leurs pattes! Le modèle de vulnérabilité-
résilience suppose une relation interactive entre les
événements difficiles et les facteurs de risque, d'une part,
et les attributs personnels ainsi que les facteurs de protection, d'autre part. C'est à notre avis dans la compréhension des facteurs de protection que les intervenants
peuvent agir pour renforcer la résilience de personnes
potentiellement vulnérables. Nous aborderons les facteurs de protection dans un chapitre ultérieur.

CONCLUSION

Selon le modèle de vulnérabilité-résilience, certaines
personnes ont une plus grande capacité de résilience et
sont plus aptes à rebondir que d'autres. Par contre, certaines personnes vivront beaucoup plus de difficultés, ce
qui mettra leur résilience à l'épreuve.

Si une proportion importante de personnes décédées
par suicide ont vécu des expériences difficiles au cours
de leur enfance, ont manifesté un patron d'attachement
dysfonctionnel et ont été victimes d'expériences de vie
malheureuses avant leur décès, la majorité des personnes qui ont connu ou vivent actuellement ces expériences ne se suicident pas. Le défi consiste à dépister
cette combinaison explosive de psychopathologies, d'expériences nocives durant l'enfance, de patrons d'attachement malsains et d'événements évoquant des expériences particulièrement traumatiques qui amène les

gens tout droit dans le gouffre qu'est le processus suici-daire. Or, on comprend bien que cette combinaison soit au centre de cette chaîne d'interaction et qu'elle consti-tue le début soit protecteur, soit déclencheur du proces-sus d'engrenage.

EN RÉSUMÉ

- Le modèle de vulnérabilité-résilience correspond à la capacité d'une personne à réagir face à l'adversité.

- Cette capacité à réagir face à une perte se construit généralement tout au long de la vie et elle est le résul-tat de quatre composantes principales: personnelle, développementale, sociale et biologique.

- La vulnérabilité psychologique d'un individu face aux problèmes liés au deuil est la somme de facteurs géné-tiques, biologiques, environnementaux et psycholo-giques.

Références

Adams, D.M., Overhosler, J.C. et Spirito, A. (1994). Stressful Life Events Associated with Adolescent Suicide Attemps. *Canadian Journal of Psychiatry*, 39 (1), 43-48.

Armsden, G.C. et Greenberg, M.T. (1987). The Inventory of Parental and Peer Attachment: Individual Differences and their Relationship to Psychological Well-Being in Adoles-cence. *Journal of Youth and Adolescence*, 16, 427-453.

Bebbington, P.E., Brugha, B., McCarthy, B., Potter, J., Trurt, E., Wykes, T., Katz, R. et McGuffin, P. (1988). The Camberwell Collaborative Depression Study I. Depressed Probands:

Adversity and the Form of Depression. *British Journal of Psychiatry*, 152, 754-765.

Bowlby, J. (1980). Attachment and Loss. Volume II: Separation. New York, Basic.

Brent, D.A., Bridge, J., Johnson, B.A. et Connolly, J. (1996). Suicidal Behavior Runs in Families: A Controlled Family Study of Adolescent Suicide Victims. *Archives of General Psychiatry*, 53, 1145-1152.

Bretherthon, I., Biringen, Z., Ridgeway, D., Maslin, C. et Sherman, M. (1989). Attachment: the Parental Perspective. *Infant Mental Health Journal*, 10, 203-221.

Brown, G.W. et Harris, A.T. (1989). *Life Events and Illness*. New York: Guilford.

Brown, G.W, Adler, Z. et Bifulco, A. (1988). Life Events, Difficulties and Recovery from Chronic Depression. *British Journal of Psychiatry*, 152, 487-498.

Brown, G.W., Harris, A.T., Adler, Z. et Bridge, L. (1986). Social Support, Self-Esteem and Depression. *Psychological Medicine*, 16, 813-831.

Cloutier, R. (1996). *Psychologie de l'adolescence*, 2ᵉ édition. Montréal, Gaëtan Morin Éditeur.

Cohn, D. (1989). Child-Mother Attachment of Six-Year Olds and Social Competence at School. *Child Development*, 61, 152-162.

Crittenden, P.M. (1994). Family Patterns of Relationship in Normative and Dysfunctional Families. *Development and Psychopathology*, 3, 491-512.

Farberow, N. (1985). Youth Suicide: A Summary. *In* Peck, M.L., Farberow, N. et Litman, R.E. Youth Suicide. New York, Springer.

George, C. et Solomon, J. (1989). Internal Working Models of Caregiving and Security of Attachment at Age Six. *Infant Mental Health Journal*, 10, 222-237.

Grossman, K. *et al.* (1988). Maternal Attachment Representations as Related to Patterns of Infant-Mother Attachment and Maternal Care During the First Year. *In* Hinde, R.A. et Stevenson-Hinde, *Relationships within Families*. Oxford: Clarendon Press.

Harris, T., Brown, G.W. et Bifulco, A. (1986). Loss of Parent in Childhood and Adult Psychiatry Disorder: the Role of Lack of Adequate Parental Care. *Psychological Medicine*, 16, 641-659.

Hammen, C., Burge, D. et Stansbury, K. (1990). Relationship of Mother and Child Variables to Child Outcomes in a High-Risk Sample: A Causal Modelling Analysis. *Developmental Psychology*, 26, 24-30.

Main, M., Kaplan, N. et Cassiday, J. (1985). Security in Infancy, Childhood, and Adulthood: A Move to the Level of Representation. *Monographs of the Society for Research in Child Development*, 50, 66-104.

McGuffin, P., Katz, R. et Rutherford, J. (1991). Nature, Nurture and Depression: A Twin Study. *Psychological Medicine*, 21, 329-335.

Rutter, M. (1985). Resilience in the Face of Adversity. *British Journal of Psychiatry*, 147, 598-611.

Rutter, M. (1994). La résilience: quelques considérations théoriques. *In* Bolognini *et al. Préadolescence: Théorie, recherche et clinique.* Paris: ESF Éditeur, p. 147-157.

Tousignant, M. (1993a). *Écologie sociale des familles de réfugiés et processus de socialisation des adolescents. Privation d'affection parentale (PAP), cahier de codification.* Laboratoire de recherche en écologie humaine et sociale (LAREHS). Université du Québec à Montréal.

Tousignant, M., Bastien, M.F. et Hamel, S. (1993b). *Famille, écologie sociale et comportements suicidaires à l'école secondaire.* Rapport final remis au CQRS. LAREHS.

VanIjzendoorn, M.H. (1995). Of the Way We Are: On Temperament, Attachment, and the Transmission Gap. *Psychological Bulletin*, 117, 3, 404-410.

Chapitre 3

Concept de crise

Nous avons tous vécu des crises au cours de notre existence, qu'il s'agisse d'une crise d'ordre professionnel ou affectif, d'un échec difficile à assumer ou d'une perte. Nous nous souvenons sans doute des émotions ressenties alors: anxiété, douleur, impuissance, frustration, confusion, désespoir, tristesse, perte d'énergie ou sentiment de solitude. Somme toute, une période de désorganisation et de déséquilibre intense.

Par contre, toutes les difficultés de la vie ne provoquent pas nécessairement une crise. Nous verrons dans ce chapitre comment un événement peut provoquer une période de crise chez un individu et quelles en sont les issues possibles.

PROGRESSION DE LA CRISE

On croit fréquemment qu'une crise se produit de manière spontanée. En fait, il est possible qu'un grand choc, comme une mortalité subite, précipite un état de crise.

Cependant, de façon générale, il y a une progression qui évolue de l'état d'équilibre vers un état vulnérable qui culmine par l'état de crise.

Le concept de crise est fondamental dans la prévention du suicide. Caplan (1964) définit la crise en fonction de trois critères: un stress grave qui précipite ou déclenche l'état de crise, un déséquilibre émotif profond et intense qui envahit la personne, et l'accumulation de tentatives pressantes et répétées par la personne pour résoudre le problème déclenché par le stress et pour rétablir l'équilibre.

Généralement, l'organisme manifeste un ensemble de réponses comportementales devant les événements stressants de la vie. Habituellement, ces réponses permettent de maintenir un *état d'équilibre*. Donc, l'individu déploie constamment des efforts qui obtiennent un certain succès et qui lui permettent de se maintenir dans un état d'équilibre satisfaisant.

Lorsqu'un événement vient rompre cet équilibre, par exemple des changements importants survenant dans son milieu, l'individu cherche à retrouver cet équilibre antérieur par la mise en place d'un ensemble de stratégies et de mécanismes d'adaptation. La déstabilisation se précipite lorsqu'une personne affronte des obstacles importants l'empêchant de maintenir ou d'atteindre, pour un certain temps, cet état d'équilibre ou de stabilité. Lorsque l'individu perd ses capacités habituelles à faire face aux agents stressants, on dira qu'il se trouve dans un *état* de vulnérabilité. À cette étape, l'individu a épuisé son répertoire de réponses habituelles. Il ne parvient plus à évacuer une tension devenue trop intense par ses moyens de réponse habituels. L'individu en état de vulnérabilité évalue sa situation de manière négative et ses sentiments contribuent à accroître la tension, qui devient de plus en plus difficile à éliminer. L'individu entre donc dans une crise émotionnelle. Les émotions négatives embrouillent de plus en plus sa réalité. Il se dirige rapidement vers une phase de désorganisation et de confusion (Kirk, 1993).

La période de crise et de trouble intense peut durer entre six à huit semaines. Cette période de déséquilibre ne peut être tolérée longtemps par l'organisme sans dommages; une résolution de la crise doit donc être envisagée. L'individu adoptera, de façon consciente ou inconsciente, des solutions, adéquates ou non, pour retrouver un équilibre. On peut parler d'une résolution de la crise en termes d'une résolution adéquate, d'une résolution inadéquate, d'un retour à l'équilibre antérieur ou d'une précipitation vers la crise suicidaire.

Les individus tendent habituellement de se maintenir en état d'équilibre tant sur le plan de la santé physique que de la santé psychologique. Cet état résulte d'un équilibre entre les différentes composantes internes et externes de l'organisme; c'est ce que l'on appelle l'homéostasie.

D'après Kirk (1993), la première phase amenant la crise correspond à une situation émotionnelle hasardeuse, où la colère et le désespoir s'entremêlent. L'état de déséquilibre prend alors graduellement le dessus et l'individu se retrouve en crise.

Dans une autre perspective, si l'individu arrive par le biais de sa recherche de solutions à une résolution efficace du problème, l'équilibre est retrouvé et la crise n'aura pas lieu. Lorsque la recherche de solutions se révèle infructueuse et/ou lorsque l'individu est confronté à des échecs répétés ou à un événement déclencheur supplémentaire, il entre alors en *état de crise*. Il s'agit d'une période de désorganisation, de trouble et de stress important, pendant laquelle l'individu tentera, seul et à maintes reprises, d'arriver à une solution acceptable. Ce sentiment de solitude le rend vulnérable face aux idéations suicidaires.

L'état de crise est une phase de déséquilibre intense qui se caractérise par deux grandes étapes: la désorganisation, suivie d'une période de récupération. Entre ces deux étapes, il peut, dans certaines occasions, y avoir une période de passage à l'acte qu'on appelle la *phase aiguë*. C'est dans cette phase aiguë qu'aura lieu la tentative de suicide chez un individu vulnérable.

Selon Morrissette (1984), le déséquilibre de la crise suicidaire se manifeste ainsi:

1. La personne est submergée par ses émotions, particulièrement par l'angoisse et la dépression.

2. On note des problèmes et des blocages cognitifs; la personne tente sans succès de résoudre un problème; le langage peut être incohérent et la personne peut avouer ne plus être capable de se concentrer.

3. La personne peut avoir le sentiment d'être «vidée» physiquement: elle oscille entre diverses émotions contradictoires, tentant sans succès de reprendre le contrôle et cherchant vainement une solution. La personne est soumise pendant un certain temps à une tension extrême.

4. La personne se perçoit négativement; elle n'arrive plus à faire usage de ses ressources; elle peut croire qu'elle est folle ou alors qu'elle le devient.

5. La personne a l'impression que cet état est définitif. Elle est de plus en plus consciente qu'il lui sera impossible de continuer ainsi très longtemps.

6. Les idéations suicidaires et la planification du scénario suicidaire sont vécues comme un répit, une issue, un apaisement, un moyen de contrôler la souffrance.

7. Le passage à l'acte peut être très impulsif et très rapide. Il peut aussi y avoir des passages à l'acte répétés.

Remarquons qu'il est possible de vivre un état de crise sans vivre de passage à l'acte. De plus, le passage à l'acte n'est pas obligatoirement une tentative de suicide; cela peut se traduire par une fugue, une crise d'agressivité ou une autre façon d'éviter et d'éliminer momentanément le stress causé par une situation difficile à vivre.

ÉVÉNEMENTS DÉCLENCHEURS DE LA CRISE

Ces événements peuvent être des agents stressants de différentes natures. L'importance et la gravité des événements stressants pourront contribuer à l'intensité du trouble que vivra l'individu. De même, la perception qu'aura l'individu des événements qui lui arrivent influencera les réponses qu'il déploiera dans le but d'atténuer les tensions.

Ceci dit, des événements tels que la mortalité ou les pertes affectives subites peuvent provoquer un *choc intense* et déclencher un processus rapide vers l'état de crise.

Parfois, on peut observer chez une personne une *accumulation d'événements* stressants, comme une peine d'amour suivie de problèmes scolaires et de conflits avec les amis ou la famille. Il est possible qu'un individu ne trouve pas de réponses à tous ses problèmes et qu'il ne parvienne plus à évacuer les tensions devenues trop fortes.

Une crise peut également être précipitée par une *série d'événements* ayant suscité des changements majeurs. Par exemple, un déménagement peut entraîner un changement d'école, la perte des amis ou un isolement social plus grand.

Bien que ces circonstances puissent être à l'origine du processus de crise, l'événement déclencheur qui fait passer un individu de l'état de vulnérabilité à l'état de crise peut prendre plusieurs formes. L'événement précipitant ou déclencheur généralement à l'origine de la crise peut être une perte réelle, subjective ou symbolique.

Les pertes réelles (la perte d'un être cher, une maladie, un déménagement, une séparation ou un divorce) sont souvent associées aux crises «normales» ou aux «passages de la vie». De façon générale, ces crises sont résolues sans trop de séquelles et permettent à un individu de constituer un bassin de mécanismes d'adaptation pouvant être utilisés pour retrouver un état d'équilibre satisfaisant.

Les pertes subjectives ou symboliques s'inscrivent plutôt dans un registre de crises d'identité, de perception de soi ou d'estime de soi. Par exemple, une perte qui atteint l'image de soi: la perte d'un rêve, d'une illusion, la perte subjective de sa valeur propre ou de sa place dans le monde. Des pertes peuvent être «moins graves», mais avoir pour un individu un sens profond; par exemple, la perte d'un animal favori ou d'un objet chargé d'une signification émotive. Il importe de prendre garde de ne pas juger de la valeur d'une perte pour quelqu'un d'autre. Chaque perte est vécue de façon différente par chacun d'entre nous.

L'absence de modèles d'identification ou d'expériences antérieures auxquels un individu puisse se référer lorsqu'il est confronté à une perte peut rendre la résolution d'une crise plus laborieuse. Dans certaines situations, la société offre des réponses ou des rituels qui facilitent cette résolution ou offre un soutien à l'individu en crise. Quelquefois, cette carence dans les modèles empêche la résolution de la crise par des moyens efficaces.

RÉSOLUTIONS POSSIBLES DE LA CRISE

Il faut comprendre que les méthodes de résolution de crise peuvent être différentes, tout comme le sont les issues; quatre types de résolution sont ici présentés.

Résolution adéquate

On parle de résolution adéquate lorsqu'il y a recadrage du problème de départ, que la crise se résorbe et qu'il y a apprentissage de nouvelles stratégies d'adaptation. Toute crise peut constituer une occasion de croissance personnelle et peut avoir une valeur positive dans le développement d'une personne. L'individu peut développer un degré de fonctionnement supérieur à celui d'avant la crise.

Retour à l'équilibre antérieur

L'individu peut retrouver le même type de fonctionnement que celui qui prévalait avant la crise. Il retrouve alors le même degré de fonctionnement puisqu'il n'aura pas développé de meilleures stratégies d'adaptation.

Résolution inadéquate

Dans ce cas-ci, l'individu adopte des stratégies qui lui permettent peut-être de réduire le degré de stress et d'anxiété à court terme, mais ces mêmes stratégies pourraient avoir, à long terme, des conséquences néfastes pour lui (ex.: alcoolisme et toxicomanie). Ces moyens constituent surtout des tentatives pour engourdir la douleur. Dans ce contexte, il arrive fréquemment que l'individu demeure dans un état de vulnérabilité jusqu'à ce qu'un autre événement vienne le replonger en état de crise.

La crise suicidaire

La crise peut aussi se transformer en crise suicidaire: le suicide est alors perçu comme la solution unique, voire l'ultime façon de mettre fin à la souffrance et à la douleur ressenties. Nous verrons au prochain chapitre comment se vit le processus suicidaire.

Le graphique suivant représente l'évolution de l'état psychologique d'une personne en crise suicidaire:

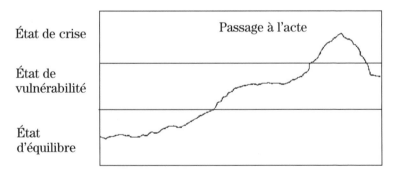

État de crise   Passage à l'acte

État de vulnérabilité

État d'équilibre

Temps

SIGNES ET SYMPTÔMES

Le tableau suivant répertorie les émotions, les signes et les comportements reliés à un vécu de crise:

ÉMOTIONS, SENTIMENTS	SIGNES, SYMPTÔMES ET COMPORTEMENTS
– Anxiété	– Perte d'appétit
– Douleur	– Somatisation
– Colère	– Crises de larmes
– Impuissance	– Isolement, réclusion
– Frustration	– Détérioration du réseau social
– Désespoir	
– Confusion	– Changement radical de comportement
– Tristesse	
– Sentiment de solitude	– Perte d'efficacité
– Sentiment d'être inadéquat et incompétent	– Abus de drogues ou d'alcool
	– Hyperactivité
– Vulnérabilité	– Apathie, léthargie
– Fébrilité émotive	– Manque de cohérence face au problème
	– Demandes d'aide
	– Agressivité
	– Négligence dans les soins personnels

ÉVALUATION DE LA CRISE

Lorsque des intentions suicidaires sont dépistées, il est nécessaire d'évaluer la gravité de la crise avant d'établir un plan d'intervention. La tâche pour les intervenants en situation de crise est lourde et exigeante. Ils doivent, avant de concevoir un plan de traitement, reconnaître les intentions suicidaires et discerner tous les facteurs de risque tels que l'abus d'alcool, de drogue, de médicaments, les tentatives suicidaires antérieures, les antécédents psychiatriques ainsi que les problèmes de santé mentale de la famille (Pruett, 1990). Ce type d'évaluation permet d'établir les difficultés et les problèmes de comportements qui peuvent interférer au moment de l'intervention. L'approche est différente lorsqu'une personne suicidaire présente plusieurs autres types de pathologies, car le risque de suicide augmente.

Évaluation

Voici les éléments dont il faut tenir compte dans le cadre de l'évaluation d'une crise:

1. De quelle manière la crise a-t-elle dérangé la vie de l'individu?

2. Est-il capable de poursuivre ses activités normalement (école, travail, maison)?

3. Peut-il prendre la responsabilité de ses activités quotidiennes (nourriture, hygiène, faire ses devoirs, etc.)?

4. La situation de crise dérange-t-elle la vie d'autres personnes?

5. Est-il suicidaire – homicidaire – les deux?

6. Est-il désespéré?

7. Le degré de tension a-t-il créé chez lui une distorsion de la réalité?

8. Le réseau de soutien social est-il présent, absent ou épuisé?

9. Quelles sont les ressources utilisées et non utilisées?

10. Le système familial est-il à la source du problème?

Une action rapide est nécessaire pour la réussite de l'intervention. Les individus se retrouvent parfois dans un état de vulnérabilité. Cet état de vulnérabilité étant cependant très variable d'un individu à l'autre, il doit être pris en considération à l'occasion du suivi. D'ailleurs, plus les comportements suicidaires de l'individu présentent un degré élevé de dangerosité pour lui-même ou pour les autres, plus il est recommandé de multiplier le nombre de rencontres à cette étape de l'intervention (Pruett, 1990).

À l'occasion, l'hospitalisation peut être envisageable lorsqu'un individu présente un risque suicidaire élevé. Même si ce choix est difficile, il peut être nécessaire d'envisager une séparation temporaire d'un jeune avec son milieu familial car quelquefois l'environnement immédiat de l'adolescent ou du jeune adulte peut contribuer de manière importante à ses problèmes (Guedji et Cardi, 1997). Les relations parents-enfants qui sont sources de conflits interpersonnels, visibles ou cachés, peuvent prendre des dimensions énormes dans la vie des adolescents et des jeunes adultes suicidaires (Pruett, 1990; Guedji et Cardi, 1997). Il importe donc de prendre en considération la dynamique familiale au moment de l'évaluation et à celui de l'intervention en situation de crise.

À l'aide de cette évaluation, il sera possible, de concert avec la personne en crise, de préparer un plan d'intervention.

Stratégies d'intervention

Voici quelques pistes d'intervention qui peuvent être suivies en cours d'intervention:

1. Écouter activement, avec empathie.

2. Encourager l'expression ouverte des émotions.

3. Aider la personne à avoir une compréhension de la crise.

4. Aider l'individu à accepter graduellement la réalité.

5. Aider l'individu à explorer de nouvelles manières de gérer ses problèmes.

6. Lier la personne à un réseau de soutien social.

7. Aider l'individu à prendre des décisions.

8. Renforcer les nouveaux mécanismes d'adaptation.

9. Prévoir une ou des périodes de suivi.

10. Susciter l'engagement de la famille dans la démarche.

EN RÉSUMÉ

- La crise suit une progression qui va d'un état d'équilibre vers un état de vulnérabilité, puis à un état de crise.

- L'état de crise comporte trois phases: la désorganisation, la phase aiguë, la récupération.

- C'est au cours de la phase aiguë que se produit généralement la tentative de suicide.

- La crise peut s'avérer l'occasion de changements positifs et constructifs.

- Les événements qui provoquent une crise peuvent être multiples et ébranler différemment les individus.

Références

Caplan, G. (1974). *Support Systems and Community Mental Health: Lectures on Concept Development.* New York: Behavioral Publications.

Guedj, M.J. et Caroly, F. (1997). Accueil et soins différentiels pour adolescents: urgence et hospitalisation aiguë, *Psychiatrie de l'enfant*, XL, 239-272.

Kirk, W.G. (1993). *Adolescent Suicide: A School-Based Approach to Assessment and Intervention.* Champaign: Research Press.

Morissette, P. (1984). *Le suicide: démystification, intervention, prévention.* C.P.S. Québec: Bibliothèque nationale.

Pruett, H.L. (1990). Crisis intervention and prevention with suicide. *New Direction for Students Services*, 45-55.

Chapitre 4

Signes précurseurs
et processus suicidaire

Comme nous venons de le mentionner, la tentative de suicide peut se produire au cours de la phase aiguë de la crise. La décision de passer à l'acte est rarement instantanée et immédiate. Cette décision s'inscrit dans un processus au cours duquel l'individu a déjà déployé un ensemble d'efforts et tenté différentes solutions qui se sont révélées infructueuses.

LES SIGNES SUICIDAIRES

La plupart des personnes suicidaires donnent des signes, des messages directs ou indirects de la détresse dans laquelle elles se trouvent. Ces signes varient selon les personnes, mais ils sont souvent très clairs et explicites. Malgré ce fait, ils ne sont pas toujours perçus, vus ou entendus.

Certaines personnes communiquent leur détresse par des messages indirects ou par des indices de type comportemental, plutôt que par des verbalisations précises.

Les signes et indices sont de divers ordres: émotifs, verbaux ou comportementaux. Les verbalisations peuvent être directes ou indirectes.

Signes comportementaux

- Tout changement radical ou anormal sur le plan des humeurs, attitudes ou comportements.

- L'isolement: retrait, délaissement des amis, solitude exagérée.

- Morbidité: préoccupation relativement à la mort ou à la vie après la mort, intérêt pour les armes à feu ou les médicaments.

- Don d'objets significatifs: remise de cadeaux, de lettres.

- Classement des affaires personnelles, rédaction du testament, préparation du départ.

- Consommation abusive ou inhabituelle d'alcool, de drogues ou de médicaments.

- Diminution de la performance scolaire, échecs, difficultés professionnelles.

- Tenue vestimentaire et/ou hygiène personnelle négligées.

- Plaintes relatives à des douleurs vagues, des maux de tête et des malaises. Visite récente chez le médecin.

- Changements dans les habitudes alimentaires: perte d'appétit, suralimentation.

- Changements dans les habitudes de sommeil: insomnie ou hypersomnie.

- Lassitude.

Signes de nature affective

- Pessimisme.

- Émotions contradictoires: redondance de colère, de peine, de pleurs, etc.

- Rémission spontanée: mieux-être radical sans véritable raison après une période de dépression.

- Ennui, tristesse, apathie, sentiment de culpabilité.

- Indécision, découragement, sentiment de désespoir.

- Perte de plaisir, de désir ou d'intérêt.

- Irritabilité, changements brusques d'humeur, tensions.

- Perte émotive récente.

- Difficultés d'attention, de concentration.

- Humeur dépressive persistante.

Messages verbaux

Les messages verbaux peuvent être classés en deux catégories: les messages verbaux directs et les messages verbaux indirects. Contrairement aux messages indirects, les messages directs indiquent une intention claire et précise de mettre à exécution le projet suicidaire. Curieusement, les messages verbaux directs sont souvent les plus ignorés par l'entourage, parce qu'ils sont perçus comme pouvant être des tentatives de manipulation, des plaisanteries de mauvais goût, etc.

Messages verbaux indirects

Voici quelques exemples de messages verbaux indirects:

- «Bientôt je vais avoir la paix de tous ces problèmes.»
- «Je vais partir pour un long voyage.»
- «Ce n'est plus important...»
- «Dans quelques jours, vous ne vous inquiéterez plus de moi.»
- «Je te remets cela... je n'en aurai plus besoin.»
- «Dans quelques jours, je vais être tranquille.»
- «Je n'ai jamais rien réalisé de bon dans la vie de toute façon.»
- «Il n'y a plus d'avenir... d'une manière ou d'une autre on va tous sauter, maintenant ou plus tard.»
- «Des fois je me dis que je serais mieux morte.»

Messages verbaux directs

Voici quelques exemples de messages verbaux directs:

- «Je veux mourir, j'en peux plus.»
- «Est-ce que cela t'est déjà arrivé toi... de penser au suicide?»
- «Je vais en finir bien vite...»
- «J'ai perdu le goût de vivre.»
- «J'ai peur d'en arriver là, j'ai peur de le faire.»
- «Des fois je pense à me tuer.»
- «Si cela ne fonctionne pas... je vais le faire.»

- «Si ce n'était de mes parents, il y a longtemps que je l'aurais fait.»
- «Je vais m'acheter un pistolet... on verra ce que je ferai avec.»
- «J'ai tout ce qu'il faut pour le faire.»
- «Je vais me tuer... Non, non! C'est une blague!»
- «S'il m'arrive quelque chose... mon testament est ici.»

Voici donc quelques signes et messages auxquels il est important d'être attentif. La présence ou l'apparition d'un ou de plusieurs signes appartenant à l'une ou l'autre de ces quatre catégories est une indication sérieuse d'un malaise et d'une crise suicidaire. Ces signes représentent autant d'appels à l'aide et de cris de détresse.

Nos intuitions, nos inquiétudes ou nos doutes sont rarement fortuits, ils nous signalent que nous avons bien perçu le malaise et la détresse chez l'autre. Comme nous le verrons au prochain chapitre, rien n'est plus indiqué à ce moment-là que d'ouvrir le dialogue et de vérifier si la personne songe effectivement au suicide. Si ce n'est pas le cas, c'est alors une occasion en or pour lui dire que l'on tient à elle et que sa présence est importante!

LE PROCESSUS SUICIDAIRE

Dans la description que nous ferons du processus suicidaire, gardons en tête qu'au cours de ce cheminement l'ambivalence est toujours présente. Elle côtoie la souffrance et tous les sentiments liés à l'impression qu'a la personne suicidaire d'être dans une impasse ou un cul-de-sac. Les personnes suicidaires ont généralement le sentiment ou la certitude d'avoir épuisé tous les moyens mis à leur disposition pour résoudre la crise à laquelle elles font face. En effet, certaines ont épuisé leur répertoire de stratégies personnelles. Le suicide leur apparaît alors comme étant l'unique solution à leurs souffrances.

On peut diviser le processus suicidaire selon les étapes suivantes:

A. La recherche de stratégies ou de solutions à la crise.

B. L'apparition des idées suicidaires.

C. La rumination de l'idée suicidaire.

D. La cristallisation et la planification d'un scénario suicidaire.

E. L'élément déclencheur et le passage à l'acte.

La recherche de stratégies ou de solutions à la crise

Durant cette première étape, l'individu fait l'inventaire des différentes solutions possibles à ce moment; certaines peuvent être familières, d'autres nouvelles. Chacune de ces solutions est évaluée en regard de sa capacité à changer la situation vécue par l'individu ainsi qu'en fonction de son efficacité à diminuer sa souffrance.

Certains individus entament le processus avec un éventail de solutions très large; ils déterminent une ou des stratégies et ils arrivent à résoudre rapidement la crise. Toutefois, dans certains cas, l'éventail de stratégies est restreint dès le départ ou se rétrécit au fur et à mesure que les solutions sont écartées. Ces moyens sont repoussés *a priori* ou à la suite de leur mise en place parce qu'ils ne satisfont pas aux besoins actuels et pressants.

À cette étape, le suicide n'a pas encore été envisagé, ou l'intention a pu se manifester par une vague idée telle que:

- «Si je pouvais dormir assez longtemps pour que cela se passe.»
- «J'aimerais être loin d'ici.»
- «Je partirais pour un long voyage.»
- «Cela va passer... je l'espère.»

L'apparition des idées suicidaires

Au cours de la recherche et de l'élimination des solutions, il se peut que la personne envisage le suicide comme l'une des solutions possibles pour faire taire la souffrance qu'elle éprouve. Cette première apparition d'une idée suicidaire peut surprendre. L'idée peut disparaître et ne plus revenir, ou au contraire réapparaître plus tard. À ce moment, les idées suicidaires peuvent s'exprimer de la manière suivante:

- «Si j'étais mort, cela réglerait le problème.»
- «Si cela continue de même... je vais en finir!»
- «Je n'endurerai pas cela longtemps... j'aime mieux être mort.»
- «C'est pas la peine de se battre.»
- «Si j'avais un accident... cela mettrait un terme à tous mes problèmes.»

Le processus se poursuit et l'individu jongle avec l'idée suicidaire. Il rejette les solutions qui n'ont pas réduit l'intensité de sa crise et des émotions engendrées par celle-ci. L'individu tente, par exemple, de parler de son malaise, de changer de travail ou d'amis, de déménager, de modifier ses attitudes, etc. Quelquefois, ces tentatives n'apportent aucune amélioration ou aucun soulagement à la souffrance de l'individu suicidaire; les échecs accumulés ne font que confirmer l'impasse dans laquelle il se trouve.

Le suicide revient régulièrement comme une solution et l'on s'y attarde chaque fois un peu plus longtemps, élaborant toujours un peu plus les scénarios éventuels. Bien qu'anodine au départ, l'idée devient, peu à peu, de plus en plus persistante et sérieuse.

- «Cela réglerait les choses.»

- «Je n'embêterais plus personne, ma famille ou mes amis.»

- «J'aurais la paix, je n'aurais plus mal...»

- «Si j'avais du courage... je me tuerais.»

- «Mourir un jour ou mourir... maintenant.»

- «Cela me donne rien de me battre.»

- «Je ne me remettrai jamais de cela... Vaut mieux en finir peut-être...»

L'individu n'envisage que peu de nouvelles solutions et la souffrance incessante diminue son degré d'énergie. Les échecs répétés augmentent son sentiment d'être inadéquat et portent atteinte à son estime de lui-même et à son sentiment de valeur personnelle.

La rumination de l'idée suicidaire

Cette phase du processus est caractérisée par une grande angoisse face à l'incapacité de régler la crise et face au sentiment de ne plus avoir de solutions. Il est important de souligner qu'il s'agit toujours d'une évaluation subjective que l'individu fait de l'absence de solutions et non d'une absence réelle de solutions. Une aide et un soutien permettent souvent de repérer des recours que la personne aveuglée par la crise n'avait pas pris en considération.

L'individu rumine donc le projet suicidaire; le retour constant et régulier de l'idée du suicide génère une angoisse et un stress qui attisent la souffrance et la douleur. L'individu est de plus en plus convaincu qu'il n'existe aucune autre solution pour mettre un terme à cette douleur atroce et constante. L'idée suicidaire devient quasi obsédante.

- «Je pense à cela continuellement. Cela me harcèle à tout moment.»

- «Je me réveille le matin sachant que j'y penserai toute la journée. Mon seul répit c'est le sommeil... et encore...»

- «La moindre déception, le moindre accroc me ramènent à cela.»

- «C'est obsédant. Plus rien n'a de goût, de saveur. Personne de mon entourage n'arrive à m'atteindre.»

- «Le matin, je me mets à pleurer en pensant que j'ai à affronter une autre journée avec cela dans la tête!»

- «C'est ça... c'est la seule solution...»

- «Il ne me reste que cela, me tuer...»

La cristallisation et la planification d'un scénario suicidaire

On appelle cristallisation le moment où le suicide est considéré par l'individu comme étant la solution ultime à son désarroi et à sa souffrance. À cette étape, la décision est prise et le scénario suicidaire (où, quand et comment) s'élabore, si ce n'est déjà fait. Il est clair que cette décision est toujours empreinte d'ambivalence et qu'elle reflète à quel point la douleur est devenue intolérable. L'individu a alors la conviction que toutes les solutions possibles ont été tentées et qu'à présent seul le suicide réussirait à faire taire la souffrance.

La cristallisation s'inscrit dans le continuum du processus suicidaire; il ne faut toutefois pas oublier que ce processus peut être plus ou moins rapide et qu'il est influencé par la nature de la crise. Il est possible, dans certaines situations, qu'un individu en arrive rapidement à cette étape. Il est possible que l'individu se sente brièvement libéré du fardeau de la souffrance, puisqu'il sait que cette douleur prendra fin prochainement. Par conséquent, cette phase est parfois caractérisée par des signes de mieux-être; on parle alors de rémission spontanée. Cette rémission est caractérisée par un répit dû à la suspension prochaine de la douleur et non à la cessation de la vie.

Lorsque la planification du suicide est terminée, le moment du passage à l'acte est parfois bien déterminé, ou encore reporté à un événement particulier, par exemple une date d'anniversaire, l'obtention de pilules, une réponse à une demande, etc.

- «Je vais le faire en fin de semaine. J'aurai tout ce qu'il me faut.»

- «Je règle mes affaires, je fais mon testament. Après, je me tire.»

- «Si je n'ai pas de réponse positive à ma demande, je vais me suicider.»

On pourrait dire qu'à ce stade les personnes sont en attente. Or, c'est généralement à ce moment que sont rédigés les lettres d'adieu et les testaments ou que sont donnés des objets ayant une valeur sentimentale.

- «Tiens, je te donne mes skis, je n'en aurai plus besoin.»
- «Ce n'est plus important.»
- «Je t'écris pour te remercier de ce que tu as fait pour moi.»

À cette étape du processus suicidaire, les émotions de la personne tendent à la couper des autres et à l'isoler. Elle considère le suicide comme la seule solution à sa souffrance, puisque tous les autres moyens de modifier sa situation ont échouée. Le suicide représente une ultime tentative pour arrêter la tourmente. Un plan précis est envisagé et un événement précipitant peut amener au passage à l'acte.

- «Personne ne peut rien pour moi.»
- «Je ne souffrirai plus.»
- «Je ne pensais même pas à ma famille et à leur peine.»
- «Je pensais que personne ne me comprendrait.»

L'élément déclencheur et le passage à l'acte

Soulignons ici que, lorsque le processus suicidaire est avancé et que l'idée du suicide est cristallisée, le passage à l'acte est imminent. Il est fréquemment lié à un événement précipitant qui n'est que la goutte faisant déborder le vase. Cet événement est le dernier en lice d'une série de pertes affectives qui ont laissé leurs marques.

Pour l'entourage et les observateurs externes, l'événement déclencheur peut sembler relativement banal, par exemple un échec scolaire. On ne se suicide pas pour si peu... dira l'entourage. Pourtant si! L'événement déclencheur est le dernier d'une longue série de pertes et d'échecs qu'a vécus la personne. Il ne faut donc pas juger l'événement en soi, mais tenir compte de l'ensemble du processus.

Le graphique suivant illustre un schéma du processus suicidaire.

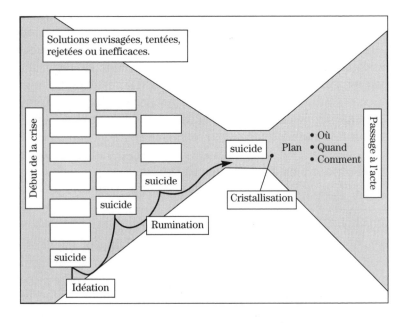

Heureusement, au cours de leur vie, des facteurs peuvent protéger les gens contre les difficultés et ainsi prévenir chez eux le processus suicidaire. Néanmoins, des facteurs de risque rendent parfois les situations plus ardues et les personnes plus vulnérables. En général, les personnes suicidaires sont celles qui ont malheureusement été soumises plus souvent à des facteurs de risque qu'à des facteurs de protection.

FACTEURS DE PROTECTION ET FACTEURS DE VULNÉRABILITÉ

À l'occasion d'une crise ou d'un événement tragique, les individus ne réagissent pas tous de la même façon et ne peuvent pas rebondir de la même manière, avec la même force ou la même puissance. Quelles sont les différences individuelles qui feront en sorte que certaines personnes arriveront à contrer les difficultés, alors que d'autres ne disposeront pas des ressources personnelles ou environnementales nécessaires pour y faire face?

Les facteurs de protection

Il existe trois grandes catégories de facteurs de protection. La première est constituée *des dispositions personnelles de l'individu;* le tempérament, les habiletés intellectuelles, l'utilisation de l'humour, le lieu de contrôle, la qualité des stratégies d'adaptation et la connaissance de soi (Beardslee, 1989). La deuxième catégorie comprend *la cohésion et la chaleur familiales*, qui font référence à des qualités qui favorisent un milieu familial sain et positif dans lequel nous retrouverons des adultes ayant des compétences parentales, un climat qui favorise l'établissement de relations d'attachement positives et la présence d'une relation où les conjoints peuvent se confier (Eggert *et al.*, 1994; Heikkinen, 1994). Enfin, la troisième catégorie se réfère à *la disponibilité et à l'utilisation du soutien social*, qui sous-entend une relation significative avec un adulte et la présence d'expériences positives, comme des succès scolaires (Luthar et Zigler, 1991). Ces éléments de protection contribuent à développer un ensemble de cognitions positives à l'égard de soi, à rehausser l'estime de soi et à diminuer la détresse émotionnelle. Des liens positifs d'attachement peuvent s'établir à différentes phases du développement et servir de renforçateurs de la résilience face à une situation grave d'adversité.

Les dispositions personnelles

Les dispositions personnelles se caractérisent par plusieurs aspects: biologiques, psychologiques et cognitifs. On considère par exemple que l'absence de difficultés physiques et psychologiques est un facteur de protection. Le développement psychologique et cognitif joue aussi un rôle important. En effet, avoir une bonne estime de soi, être optimiste, avoir une habileté pour chercher du soutien et la capacité de développer des mécanismes d'adaptation et de défense sont des facteurs psychologiques primordiaux dans la résolution de problèmes. De son côté, le développement cognitif permet à la personne en détresse de percevoir et de rationaliser des problèmes sous différents angles, favorisant ainsi la prise de décisions. Les personnes qui ont dans leurs bagages des facteurs de protection sont certainement plus avantagées que celles n'ayant aucun moyen de recourir à ce genre de facteurs. Néanmoins, cette protection n'est pas infaillible. Il est toujours possible qu'un individu favorisé sur le plan personnel devienne suicidaire au cours de sa vie.

Cohésion et chaleur familiales

L'environnement familial favorise grandement l'établissement de facteurs de protection et les premières années de la vie d'un enfant sont cruciales en ce qui a trait au développement de certains de ces facteurs ou à leur absence ultérieure. Pour que les enfants aient un potentiel élevé de protection, ils doivent grandir dans un environnement propice, où ils sont en mesure de trouver un soutien solide. Par contre, il ne faut pas croire que tous les gens qui vivent une situation familiale chaotique deviennent suicidaires. Certaines personnes peuvent être pourvues d'autres facteurs de protection développés ailleurs qu'au sein de leur famille. L'attachement sécuritaire et la personnalité ne sont pas les seuls éléments à considérer.

Disponibilité et utilisation du soutien social

Un autre élément protecteur se trouve dans l'environnement social. Les jeunes qui n'ont pas nécessairement de soutien familial peuvent rencontrer des amis, des enseignants ou toute autre personne importante pour eux qui leur procureront l'aide et le soutien nécessaires. La présence d'un adulte bienveillant et protecteur est souvent un élément déterminant dans la trajectoire de vie des individus. Cette présence peut permettre à des adultes vulnérables d'être soutenus au cours de périodes difficiles.

ÉVALUATION DU DEGRÉ DE RISQUE SUICIDAIRE

À l'occasion de l'évaluation du potentiel suicidaire, le clinicien s'intéresse à l'évaluation a) du risque suicidaire (facteurs prédisposant l'apparition du geste); b) de l'urgence du passage à l'acte (imminence de la conduite suicidaire); et c) du degré de dangerosité du scénario suicidaire (létalité du moyen envisagé).

Cette étape consiste à évaluer le degré de perturbation chez l'individu afin de déterminer l'imminence et la dangerosité du geste suicidaire. L'évaluation du potentiel permet de cerner des pistes concrètes et directes d'intervention. D'ailleurs, nous verrons plus loin que l'intervention à privilégier diffère selon que la personne se situe au début ou vers la fin du processus suicidaire.

L'évaluation du potentiel suicidaire constitue la première étape de l'intervention. Elle consiste essentiellement en la cueillette d'informations. Il s'agit d'écouter la personne suicidaire raconter sa trajectoire de vie avec toutes les pertes qui y sont rattachées. Ces renseignements permettront de définir le problème actuel et de déterminer l'élément déclencheur de la crise ainsi que les autres éléments qui influencent la capacité de la personne suicidaire à résoudre sa situation conflictuelle.

- Identifier la perception qu'a l'individu de sa situation, de son problème.

- Répertorier, avec l'individu suicidaire, quelles sont les ressources de son milieu (parents, amis, groupe d'entraide, services professionnels, collègues, etc.).

- Faire un inventaire des stratégies adaptatives qu'utilise habituellement la personne lorsqu'elle fait face à une situation conflictuelle ou problématique.

- Tenter de voir pourquoi ces stratégies sont inefficaces dans la situation actuelle.

- Évaluer si l'individu a déjà pensé au suicide ou s'il a déjà fait des tentatives de suicide.

Cette cueillette d'informations permet à l'intervenant de procéder à une évaluation de l'urgence de la crise. Elle favorise aussi, chez l'individu en crise, une certaine prise de conscience qui peut se révéler bénéfique car elle permet une certaine distanciation par rapport à la crise et une certaine objectivité face aux éléments et à leurs interactions.

Les facteurs de risque suicidaire

De façon générale, les facteurs de risque suicidaire sont des événements qui, lorsqu'ils surviennent dans la vie d'une personne qui ne bénéficie pas de facteurs de protection, augmentent chez elle les risques de crise suicidaire. Les facteurs de risque existent souvent avant l'apparition de la crise suicidaire; ils peuvent être limités dans le temps et ils sont normalement liés à l'individu, à sa famille ou à sa collectivité (Santé Canada, 1994). La crise suicidaire survient surtout quand apparaît un déséquilibre entre les facteurs de risque et ceux de protection. Les facteurs de risque se divisent en trois catégories qui sont interdépendantes et agissent sur le potentiel d'idéation suicidaire. (Stratégie québécoise d'action face au suicide, 1998).

Les facteurs individuels (internes)

- Antécédents suicidaires de l'individu.
- Présence de problèmes de santé mentale (dépression, psychose, troubles de personnalité, anxiété, maniaco-dépression, schizophrénie, etc.).
- Manque d'estime de soi.
- Dépendance aux drogues et à l'alcool.

- Présence de problèmes de santé physique (maladie, handicap, etc.).

Les facteurs familiaux (externes)

- Présence de violence, d'abus physiques, psychologiques ou sexuels dans la vie de l'individu.
- Existence d'une relation conflictuelle entre l'individu et ses parents.
- Problèmes de toxicomanie et d'alcoolisme chez les parents de l'individu.
- Négligence de la part des parents.
- Présence de conflits conjugaux majeurs.
- Comportements suicidaires chez l'un des parents ou les deux.
- Problèmes de santé mentale de l'un ou des deux parents.

Les facteurs psychosociaux (externes)

- Présence de difficultés économiques persistantes.
- Perte récente de liens importants.
- Placement dans un foyer d'accueil, en institution ou dans un centre de détention.
- Effet de contagion (suivant le suicide d'un proche).
- Accès à des moyens létaux (armes à feu, médicaments, etc.).
- Présence de problèmes d'intégration sociale.

Les facteurs de risque peuvent être repérés à tout âge; leur reconnaissance se révèle un outil précieux pour intervenir de manière précoce.

ÉVALUATION DE L'URGENCE

Pour déterminer les priorités de l'intervention, il convient de procéder assez rapidement à l'évaluation de l'urgence, c'est-à-dire à l'évaluation de la probabilité et de l'imminence d'un passage à l'acte. Les éléments considérés au cours de cette évaluation permettront de situer la personne dans son processus suicidaire et de définir les priorités de l'intervention.

Urgence faible

Une personne est généralement considérée en urgence faible lorsqu'elle:

- désire parler de ce qu'elle vit et qu'elle est à la recherche de solutions adaptées;
- pense au suicide, mais que le scénario suicidaire n'est pas complet;
- maintient des projets réalistes pour les prochains jours;
- pense encore à des moyens et à des stratégies pour faire face à la crise, malgré qu'elle puisse avoir besoin de soutien pour les réaliser;
- n'est pas anormalement troublée, mais souffrante.

Urgence moyenne

Une personne est considérée en urgence moyenne si:

- son équilibre émotif est fragile;
- elle envisage le suicide et son intention est claire;
- elle a élaboré un scénario suicidaire mais son exécution est reportée;
- elle ne voit aucune autre solution que le suicide pour cesser de souffrir;
- elle a besoin d'aide et exprime directement ou indirectement son désarroi.

Urgence élevée

Une personne est considérée en urgence élevée si:

- elle est décidée, la planification du scénario suicidaire est claire (où, quand, comment) et le passage à l'acte est prévu dans les 48 heures;
- elle est coupée de ses émotions, elle rationalise sa décision ou, au contraire, elle est très émotive, agitée ou troublée;
- elle se sent complètement immobilisée par la dépression;
- la douleur et l'expression de sa souffrance sont omniprésentes, ou complètement tues;
- elle a un accès direct et immédiat à un moyen de se suicider: médicaments, armes à feu, lames de rasoir, métro, etc.;
- elle a le sentiment d'avoir tout fait et tout essayé.

Il importe aussi de découvrir l'événement déclencheur qui est à l'origine de la crise suicidaire. Il est habituellement assez récent. Cet événement peut paraître anodin ou insuffisant pour déclencher un passage à l'acte ou, au contraire, il peut se révéler très grave. Par exemple, il peut s'agir d'un échec scolaire, de la rupture d'une relation amoureuse, de résultats médicaux annonçant une grossesse non désirée, d'une maladie ou d'un handicap permanent, ou encore d'une expérience stigmatisée comme une relation homosexuelle, un viol ou le dévoilement d'une situation d'inceste.

Il ne faut pas oublier que cet événement qui suscite la crise ou provoque le passage à l'acte n'est souvent que la goutte qui fait déborder le vase, le dernier ou la dernière en lice d'une longue chaîne d'événements traumatisants ou de pertes affectives graves. Il faut donc considérer globalement la situation et évaluer l'ensemble des pertes récentes qui ont affecté la personne en crise.

ÉVALUATION DE LA DANGEROSITÉ

Au cours de l'évaluation, l'intervenant doit nécessairement prendre en considération le degré de létalité du scénario suicidaire envisagé. L'intervenant devra poser à ce sujet des questions directes telles que:

- Que penses-tu faire pour réaliser ton suicide?
- Quels sont les moyens que tu as envisagé d'utiliser pour te suicider?

Si l'accessibilité des moyens ne constitue pas une entrave à la réalisation du scénario suicidaire, c'est-à-dire si l'individu a accès facilement à des armes à feu, à des médicaments ou à tout autre moyen de mettre fin à ses jours, et que les moyens mis de l'avant sont létaux, alors il faut considérer que la dangerosité est extrême et agir en conséquence.

EN RÉSUMÉ

• Le processus suicidaire est dynamique; il varie selon les individus et les circonstances.

• Dans la majorité des cas, la présence de signes et d'indices permet d'identifier la crise suicidaire.

• Le suicide est perçu comme une solution pour faire cesser la souffrance et l'idée du suicide est prédominante lorsque la détresse est omniprésente.

• L'ambivalence est toutefois constamment présente et rend l'intervention possible.

Références

Beardslee, W.R. (1989). The Role of Self-Understanding in Resilient Individuals: The Development of a Perspective. *American Journal of Orthopsychiatry*, 59, (2), 266-278.

Eggert, L.L., Thompson, E.A. et Herting, J.R. (1994). A Mesure of Adolescent Potential for Suicide (MAPS): Development and Preliminary Findings. *Suicide and Life Threatening Behavior*, 24, 359-381.

Heikkinen, M.E., Aro, H.M. et Leonqvist, J.K. (1994). Recent Life Events, Social Support and Suicide. *Acta Psychiatrica Scandinavia*, 89, 65-72.

Luthar, S.S. et Zigler, E. (1991). Vulnerability and Competence: A Review of Research on Resilience in Childhood. *American Journal of Orthopsychiatry*, 61, (19), 6-22.

Santé Canada (1994). *Le suicide au Canada: mise à jour du rapport du groupe d'étude sur le suicide au Canada.* Ottawa: Santé Canada.

Chapitre 5

Intervention en situation de crise suicidaire

L'intervention auprès de personnes suicidaires soulève un ensemble d'émotions et de craintes de même que, fréquemment, un sentiment d'impuissance. Cette problématique particulière qu'est le suicide nous confronte comme nulle autre à notre propre existence et à notre conception de la vie et de la mort. Elle nous met en question, nous bouleverse et nous amène à procéder à un examen de nos valeurs et de nos croyances, de ce qui nous semble acceptable ou inacceptable. Plusieurs intervenants et bénévoles de centres de prévention du suicide mentionnent à quel point ils ont dû scruter leurs valeurs et combien ils doivent souvent se remettre en question au cours de leur intervention. Ils en arrivent généralement à s'interroger sur le pourquoi et le comment de l'intervention.

Dans cette perspective, notre formation d'intervenant ou d'éducateur nous amène souvent à viser comme objectif une résolution efficace du problème à court terme. Est-ce toujours possible? Cet objectif est-il toujours réaliste?

En effet, comment agir efficacement face à des problèmes de société ou face à des souffrances et à des blessures affectives individuelles de longue date?

Ce chapitre suggère des pistes d'intervention et démystifie celle effectuée auprès d'une personne suicidaire. Il permettra, nous l'espérons, de clarifier la différence entre une intervention d'urgence, qui vise à empêcher un geste suicidaire, et une autre, thérapeutique, dont l'objectif consiste à apporter une aide à moyen ou à long terme. De plus, nous verrons comment il est possible de ne pas porter seul tout le fardeau de l'intervention en sollicitant d'autres personnes dans le cadre d'une stratégie d'aide.

BUTS ET OBJECTIFS DE L'INTERVENTION

Il s'agit, dans un premier temps, de désamorcer la crise, puis d'intervenir sur les causes sous-jacentes qui ont engendré celle-ci. Les objectifs et les pistes qui seront abordés ici sont utilisés au cours de l'intervention de crise. Cette forme d'intervention est généralement brève dans le temps. Elle se pratique ordinairement en phase aiguë de la crise et est centrée sur l'événement vécu par l'individu au moment de l'intervention et qui a conduit à la crise. À la suite de l'intervention de crise, il peut être sage de diriger la personne suicidaire vers un professionnel de la santé mentale. Ce professionnel peut alors poursuivre, de concert avec la personne suicidaire, un travail sur le plan de la structure et de l'organisation de sa personnalité, dans un cadre à plus long terme. Ce processus permettra à la personne suicidaire de développer de meilleures compétences quant à la résolution des problèmes, etc. Ce suivi est souhaitable, car l'individu est encore dans un état de grande vulnérabilité.

Il importe de connaître quelques principes de base en intervention de crise auprès des suicidaires[1]. Ces principes sont ceux auxquels l'on fait appel dans une intervention à l'occasion d'une crise suicidaire, mais ce ne sont pas nécessairement les mêmes qui doivent guider une intervention psychothérapique.

Il existe six grands objectifs d'intervention:

1. L'établissement d'un bon rapport entre un ou des intervenants et le suicidaire.

2. L'évaluation rapide et efficace du risque et de l'urgence suicidaire, des ressources et de la situation de l'individu.

3. La résolution à court terme de la crise, dans le cas échéant, et l'acceptation par la personne suicidaire de solutions autres que la mort.

4. La mise en place d'un suivi axé sur les ressources personnelles et professionnelles.

5. L'atteinte d'objectifs précis en rapport direct avec la situation ponctuelle de l'individu.

6. L'arrêt du processus autodestructeur, du moins temporairement (Morrissette, 1984).

---

1. Ce chapitre sur l'intervention est inspiré d'un excellent livre écrit par Pierre Morrissette en 1984, intitulé *Le suicide: démystification, intervention, prévention*. Les lecteurs qui aimeraient approfondir leurs connaissances sur le suicide sont encouragés à consulter ce livre.

PRINCIPES DIRECTEURS

L'intervention doit être immédiate

Lorsque la personne suicidaire est en crise, elle peut être en proie à une panique intense et vivre de grands moments d'angoisse. Il se peut qu'elle veuille réduire son malaise rapidement. Elle est généralement empressée d'obtenir de l'aide et, par le fait même, très motivée à recevoir du soutien afin de résoudre son problème et ainsi de régler la situation. L'intervention doit être immédiate parce que l'urgence d'agir est souvent présente. Il est important de saisir la demande d'aide lorsqu'elle est exprimée parce que l'ambivalence du geste suicidaire peut permettre une résolution de la crise.

L'efficacité de l'intervention dépend grandement de l'évaluation du problème à traiter. D'ailleurs, plus la situation est urgente et plus l'intervention doit être appliquée dans de brefs délais. Le clinicien et la personne suicidaire doivent être conscients que l'intervention est limitée dans le temps et qu'il faut agir en fonction de la résolution du problème. Le but de cette intervention est de permettre au moins à l'individu de retourner à un niveau favorable de fonctionnement.

L'intervention doit responsabiliser la personne suicidaire

Il est essentiel de susciter l'engagement de la personne en crise suicidaire dans le processus de résolution de son problème. L'individu doit jouer un rôle actif dans la recherche et le développement de solutions adéquates. Ce rôle de recherche de solutions permet à la personne suicidaire de reprendre confiance en elle-même, ce qu'elle avait perdu. Si le suicidaire n'est pas partie prenante de la

recherche de solutions, les solutions qui lui seront suggé-
rées risquent de ne pas lui sembler valables.

L'intervention doit prévoir la mobilisation du réseau de soutien social

La mobilisation du soutien social est essentielle pour
créer le climat d'entraide qui brisera l'isolement de la
personne suicidaire. Il est donc crucial de lier l'individu
en crise aux personnes de son entourage importantes à
ses yeux et qui veulent l'aider. D'ailleurs, ce sont souvent
les proches qui sont le mieux placés pour transmettre un
sentiment de valeur. L'importance de l'engagement familial dans la reconstruction du réseau social n'est pas à
sous-estimer. La famille connaît bien l'individu et elle
peut assurer un soutien et un encadrement importants. Il
ne faut pas que la personne suicidaire se sente surveillée
ou emprisonnée par une attention excessive de la part de
son entourage, mais plutôt qu'elle sente le soutien de
personnes protectrices et bienveillantes.

L'intervention doit être active

L'intervention doit être tournée vers l'action directe. Ceci
implique que, dans l'intervention de crise, l'intervenant
est lui aussi actif et peut aussi être directif. Après une
première étape axée sur l'évaluation du potentiel suicidaire, une période d'action doit suivre: l'individu suicidaire est invité à explorer des solutions et à rencontrer
les personnes-ressources appropriées, en fonction de sa
situation personnelle. Selon certains auteurs, l'intervention doit dépasser l'écoute passive et déboucher
sur des mouvements concrets afin de maximiser l'effet
thérapeutique.

L'intervention doit viser l'établissement d'une bonne relation avec le suicidaire

L'établissement d'un bon contact avec quelqu'un exige la validation de sa souffrance. Ceci ne veut pas dire qu'il faille cautionner le geste suicidaire, bien au contraire, mais plutôt reconnaître qu'un individu puisse souffrir au point de vouloir se suicider.

L'intervenant peut se positionner en disant à la personne suicidaire qu'il ne souhaite pas qu'elle se suicide et qu'il fera tout en son pouvoir afin qu'elle ne le fasse pas. Toute la nuance réside entre un bon contact et un contact autoritaire. Un bon contact suppose que la personne suicidaire est confiante et que l'intervenant avec qui elle est en rapport saura être respectueux, compréhensif, franc et précis quant à l'aide qu'il peut lui apporter. Une attitude moralisatrice ou les jugements de valeur seront à éviter. Le respect mutuel est à la base d'un lien thérapeutique fort. De nombreux auteurs considèrent ce lien comme l'un des éléments nécessaires à la réussite de l'intervention (Aguilera, 1995; Grayson et Cauley, 1989; Mühlebach et al., 1993; Souris, 1990). La souplesse dans le traitement est recommandée. L'intervenant peut servir de personne-ressource et jouer un rôle d'informateur ou de conseiller, mais il faut nécessairement que s'établisse une relation de confiance entre les deux parties (Mühlebach et al., 1993).

L'intervention doit viser à transmettre l'espoir

La personne suicidaire doute de la possibilité de s'en sortir: il est nécessaire de raviver cet espoir en lui transmettant notre certitude qu'il y a une solution autre que le suicide et qu'elle possède les ressources intérieures pour surmonter ses difficultés. Il importe de faire ressortir les aspects positifs et les forces de cette personne afin qu'elle puisse reprendre confiance en elle-même et entrevoir une issue positive. Si l'intervenant perçoit en l'autre des attitudes et aptitudes positives, il y a de fortes chances qu'il puisse influencer et aider la personne et son environnement à les percevoir aussi, et favoriser un rapprochement entre l'individu et son réseau social.

L'intervention ne doit pas se faire en solitaire

L'intervenant doit pouvoir compter sur des ressources de soutien, de supervision et d'échange. Ne pas travailler seul évite que ne s'installent l'insécurité et l'épuisement que peut entraîner une intervention en solitaire. La problématique suicidaire est souvent très complexe et exige différents types d'intervention qu'une personne seule ne peut accomplir: interventions médicales, thérapie, intervention de crise, intervention auprès de la famille, etc. La personne suicidaire peut également être en crise à toute heure et avoir besoin de soutien plus d'une fois par jour. Il serait illusoire de croire qu'un seul intervenant puisse être efficace à tous ces paliers d'intervention.

Pour éviter l'épuisement, on recommande aux intervenants de travailler en équipe. Cela permet aux aidants de discuter entre eux et d'exprimer leurs craintes, leurs insécurités, et de partager les progrès réalisés par la personne suicidaire. Il est aussi plus facile de se rendre disponible et présent à tour de rôle pour intervenir auprès de cette personne suicidaire puisque l'intervention est souvent exigeante pendant la phase aiguë de la crise. En se relayant de la sorte, un suivi et une présence pendant et après la crise sont assurés.

Les objectifs particuliers de l'intervention sont de:

1. repousser l'échéance du passage à l'acte;

2. soutenir la personne suicidaire pendant la phase aiguë de sa crise;

3. transmettre à cette personne le sentiment qu'avec de l'aide elle pourra s'en sortir.

Lorsque la crise se dissipe, la personne suicidaire peut alors réévaluer sa situation de façon différente. Grâce à ce soutien, elle peut graduellement poser les jalons d'un mieux-être et rebâtir la confiance et l'estime de soi nécessaires pour continuer son cheminement.

PISTES D'INTERVENTION

Voici, fondées sur les concepts mentionnés antérieurement, quelques lignes directrices qui permettront de planifier une intervention efficace.

Les éléments nécessaires à toute intervention auprès d'une personne suicidaire peuvent être adaptés en fonction des habiletés et des compétences de chacun. Ils déterminent une marche à suivre à laquelle se grefferont les initiatives et les attitudes personnelles de l'intervenant.

Voyons maintenant quelles sont les pistes d'intervention qui favoriseront l'atteinte des objectifs liés à la résolution de la crise.

Aborder directement les intentions suicidaires

Aborder le sujet directement permet à l'individu suicidaire de se savoir considéré dans ce qu'il vit actuellement et dans son désir de mourir.

Dans certaines situations, surtout lorsque nous nous sentons mal à l'aise, nous avons tendance à parler de tout sauf du suicide. Pourtant, la réalité de l'individu suicidaire est justement l'imminence de son projet de suicide. Il est complètement envahi par cette idée.

Les questions directes peuvent nous sembler gênantes à poser. Elles peuvent nous mettre dans l'embarras parce qu'il n'est pas concevable, dans notre culture, d'oser aborder de telles questions directement. Au-delà de l'indisposition qu'elles peuvent créer, les questions de ce type peuvent être réconfortantes et apaisantes pour une personne qui songe au suicide. Elle interprète les questions directes de l'intervenant comme une compréhension de sa souffrance.

«Souffres-tu au point de vouloir te suicider?»

«As-tu pensé à la manière dont tu pourrais te suicider?»

Lorsque l'intervenant aborde la discussion d'une manière aussi directe, la personne suicidaire peut parler ouvertement de ce qui la préoccupe avec quelqu'un qui s'intéresse suffisamment à elle pour aborder un sujet qui demeure tabou et innommable dans son entourage. Les réponses de cette personne suicidaire permettent aussi de mieux apprécier la situation et de mieux évaluer l'urgence de l'intervention, qui n'en sera que plus adéquate. Il est clair que l'intervention auprès d'une personne nous affirmant qu'elle a l'intention de se suicider le soir même avec les moyens qui se trouvent à sa disposition (armes à feu, médicaments, etc.), sera différente de l'intervention auprès d'une autre nous affirmant qu'elle pense vaguement au suicide mais ne songe à aucun scénario précis.

Le meilleur moyen pour établir un bon contact avec une personne suicidaire est d'aborder directement le sujet. Cette manière directe a souvent pour effet de susciter un grand soulagement chez cette personne. Il arrive fréquemment que le suicidaire en détresse laisse des messages obscurs ou indirects à son entourage quant à ce qu'il vit, précisément parce qu'il a peur de la réaction que cela susciterait s'il parlait ouvertement de ses intentions. Le fait de pouvoir confier ses intentions sans crainte à quelqu'un qui n'a pas peur d'aborder le sujet et qui comprend lui permet de considérer son comportement sous un autre jour. C'est un contrepoids à son isolement et à sa solitude.

Écouter et permettre l'expression des émotions

Dire, raconter, exprimer la souffrance et la douleur est la première étape. Cette ouverture permet à la personne suicidaire de ventiler ses émotions trop souvent réprimées.

«Dis-moi ce qui te fait mal au point où tu voudrais te suicider.»

Cette étape d'expression de la douleur oblige l'aspirant au suicide à clarifier, ordonner et mettre dans une séquence temporelle les différents événements qui lui sont arrivés. Ce processus lui permet aussi de mettre de l'ordre dans les émotions associées aux événements douloureux qu'il vit. Cette étape donne également à la personne aidante l'occasion de mieux comprendre et d'évaluer la situation du suicidaire.

Cette écoute est dynamique, active et participante. Les émotions sont reçues pour ce qu'elles sont. L'intervenant parle du suicide pour comprendre, évaluer et signifier à la personne sa compréhension de ce qu'elle vit. De plus, parler du suicide nous en apprend beaucoup sur les motivations qui poussent quelqu'un à vouloir mourir, sur les intentions qu'il y a derrière son comportement et sur les gains secondaires qu'il recherche possiblement. Enfin, en permettant que s'exprime la partie en lui qui «veut» vivre, on en apprend beaucoup sur ses ressources. Le point central de l'intervention est la verbalisation, la mise en mots de ce que la personne vit et la reconnaissance de sa souffrance. Cette expression des émotions permet progressivement une résolution de la crise.

Il est important d'écouter sans porter de jugements. Une attitude moralisatrice peut gêner la communication et amener l'individu suicidaire à se sentir évalué dans ses efforts de s'en sortir ou à croire que l'on doute de la validité ou de l'authenticité de sa souffrance. Il s'agit avant tout de reconnaître la douleur et la souffrance de l'autre et ainsi de se positionner comme témoin empathique de cette douleur et de cette souffrance.

Faire preuve de respect et être directif

Ces deux concepts sont souvent opposés. Il est important d'être respectueux et chaleureux. Cependant, le respect n'exclut pas la directivité dans le cas où la personne en crise ne sait plus quoi faire, où aller, par quoi commencer, surtout si elle est dans une situation d'urgence suicidaire élevée.

La personne en crise suicidaire doit sentir que cette forme d'autorité montre à quel point on tient à elle et qu'il ne s'agit pas d'une confrontation ou d'une négation de son pouvoir, ce à quoi elle pourrait être réfractaire. Il s'agit plutôt d'être franc et honnête avec cette personne en lui disant ce qu'on a l'intention de faire ou d'entreprendre, puis de lui demander son accord.

Il est important, dans toute forme de contact avec un individu suicidaire, de respecter ses limites et les siennes propres, de ne rien exiger qui soit en dehors de son pouvoir ou du nôtre. La directivité ne saurait être qu'à court terme. Il ne s'agit pas de s'approprier le pouvoir de prendre les décisions pour l'autre et de faire ses choix de vie à sa place. Il s'agit plutôt de répondre le plus adéquatement possible à une situation d'urgence temporaire.

Se centrer sur la crise actuelle

Il est important de mettre l'accent sur la crise actuelle, de comprendre ce qui amène cette personne à vouloir mourir. L'accent est mis sur ce qui se passe actuellement, sur l'événement déclencheur et non pas sur l'histoire de vie. L'intervenant doit aider le suicidaire à préciser la séquence des événements qui ont conduit à la crise actuelle. Enfin, il s'agit d'offrir des ressources qui apportent une solution aux problèmes ponctuels de l'individu.

Transmettre l'espoir

Un individu suicidaire est souvent une personne désespérée qui ne croit plus à un changement possible. Cette personne a souvent l'impression d'avoir tout essayé sans succès et que la seule échappatoire à sa souffrance est le suicide. Parler ouvertement du suicide avec elle permet de lui transmettre le sentiment qu'elle n'est plus seule et qu'il existe des moyens de l'aider à s'en sortir. On lui transmet aussi l'espoir, en lui présentant une solution autre que le suicide. Il importe que l'intervenant partage sa conviction qu'il existe d'autres issues, d'autres recours que le suicide pour diminuer la souffrance, la rendre tolérable et gérer la situation. Cette discussion permet souvent d'élargir le champ cognitif de cette personne malheureuse, lui laissant entrevoir d'autres solutions valables pour elle.

Transmettre l'espoir à un être suicidaire équivaut à le mettre en contact avec quelque chose d'important pour lui qui soit autre que la mort, par exemple à lui permettre de prendre conscience de ses qualités, de ses intérêts, de sa valeur ou de celle d'autres personnes de son entourage. Être en mesure de véhiculer l'espoir de façon sincère et intègre est une des plus grandes qualités que peut avoir un intervenant de crise.

Briser l'isolement

L'intervention de crise doit avoir pour but de briser l'isolement dans lequel est souvent confiné l'individu suicidaire ou alors d'élargir son réseau social. Dans tout processus de résolution de crise, il importe de bien identifier les ressources disponibles afin de pouvoir les mobiliser et de les mettre à contribution lorsque nécessaire. La mobilisation du réseau peut se révéler efficace pour désamorcer une crise aiguë.

L'entourage immédiat peut constituer une ressource d'aide primordiale. Famille, amis, collègues, toutes ces personnes peuvent être une source de soutien pour le suicidaire. L'intervenant peut aider ce dernier à reconnaître les membres de son entourage qui sont en mesure de le soutenir et de lui offrir une forme d'accompagnement. Cependant, il est possible que les membres de l'entourage soient trop épuisés ou alors qu'ils manquent de ressources pour aider davantage la personne en crise.

L'intervenant doit donc connaître les différentes ressources disponibles afin de pouvoir offrir au suicidaire de réelles voies de rechange et être en mesure d'élaborer un plan d'intervention réaliste. L'élaboration de ce plan doit tenir compte de la validité des solutions auprès du suicidaire.

Offrir des pistes valables consiste à:

1. identifier et préciser avec le suicidaire les éléments positifs de sa vie qu'il n'est plus en mesure de percevoir lui-même;

2. rechercher des ressources adéquates et accessibles qui correspondent aux besoins du suicidaire;

3. planifier des démarches simples et réalistes que la personne peut entreprendre et dont elle peut rendre compte;

4. accompagner et soutenir le suicidaire pour qu'il évite des échecs pénibles (Morissette, 1984).

Ces solutions de rechange doivent être en relation directe avec les besoins immédiats du suicidaire et favoriser, à court terme, un mieux-être et une diminution de la souffrance, ainsi que stimuler chez lui une reprise du sentiment de contrôle sur sa propre vie.

Établir des contrats et assurer le suivi

Il est souvent bénéfique d'établir une entente claire entre le suicidaire et l'aidant. Cet accord qui le lie à l'intervenant peut viser directement une entente de non-suicide ou un report de l'échéance du passage à l'acte suicidaire. Durant cette période d'accalmie, la personne dispose de temps pour réaliser les démarches prévues et cheminer graduellement vers une résolution positive de la crise.

Peu de temps après une crise aiguë, il est possible d'observer une légère amélioration. Au même moment, il est fréquent de voir les membres de l'entourage et les intervenants se démobiliser. Il est bien normal que tous veuillent reprendre leur souffle et que l'on cherche à laisser à la personne un répit, un moment d'intimité, etc. En effet, cette personne vient de retrouver un certain équilibre, mais celui-ci demeure néanmoins précaire. Elle a le sentiment d'avoir encore beaucoup de chemin à parcourir pour retrouver l'équilibre antérieur et un bien-être réel. Ceci peut provoquer un profond découragement chez quiconque sort à peine d'une crise suicidaire.

La période qui suit une tentative de suicide est considérée par les intervenants en suicidologie comme une période à risque pour une récidive. Il importe donc de mettre en place des mécanismes qui amènent de réels changements ou des espoirs d'amélioration réelle. Certaines solutions envisagées pendant la crise peuvent se révéler inefficaces et l'on devra en trouver de nouvelles. Les liens d'entraide et de soutien créés au cours de la crise permettent de garder le contact et de continuer à offrir un soutien constant. Il sera alors plus facile de témoigner de nouveau notre intérêt et notre désir que la personne dépasse cette situation de crise et améliore sa qualité de vie.

Après avoir décrit les éléments de base de l'intervention de crise auprès d'une personne suicidaire, force nous est de constater que ces quelques principes directeurs sont incomplets.

Il est difficile de décrire dans toute sa complexité la réalité du rapport qui s'établit entre un individu suicidaire et un aidant au moment d'une intervention d'urgence. Les principes directeurs ne peuvent être que des généralités et ne tiennent pas compte des habiletés individuelles que chacun d'entre nous avons développées au cours de nos expériences et de nos apprentissages. Il est aussi impossible de tenir compte des particularités de chaque situation et de chaque crise suicidaire.

Toutefois, ces quelques principes constituent des éléments de réponse sur lesquels il est possible de s'appuyer dans une intervention auprès des personnes en détresse suicidaire. Ils ne remettent pas en question les interventions efficaces qu'effectuent ou qu'ont effectuées les intervenants. Ces principes peuvent, nous l'espérons, servir de guide complémentaire de l'expérience pratique.

RELATION AIDANT-AIDÉ

Jusqu'à maintenant, nous avons mis l'accent sur une réponse de type clinique donnée par un aidant professionnel. Cependant, d'autres interventions peuvent se substituer à celle, plus classique, d'une relation aidant-aidé. Nous parlons ici:

- de l'aide naturelle offerte par des bénévoles;

- des programmes d'entraide axés sur la mobilisation du soutien social et sur le développement de nouvelles relations;

- d'activités de prévention primaire qui font appel, entre autres, à la consultation par les pairs;

- de l'approche de groupe.

Les expériences en Amérique du Nord confirment la pertinence et l'efficacité de l'aide naturelle dans une intervention de crise suicidaire. Les aidants naturels, à cause de leur intérêt spontané et des habiletés naturelles qu'ils déploient pour transmettre l'espoir, sont souvent très efficaces auprès d'une personne en crise suicidaire. Cette aide spontanée peut toucher la personne en crise de manière à restaurer un sentiment de valeur personnelle et de confiance en l'autre.

Un suicidaire se sent souvent seul et désespéré. Il croit que plus personne ne s'intéresse à lui et qu'il n'en vaut plus la peine. Lorsque l'aide est disponible et prend la forme d'un individu qui s'intéresse spontanément au suicidaire, cela permet à la personne en crise de croire qu'elle en vaut la peine, qu'elle n'est plus seule et que sa crise peut être résolue avec de l'aide. Cette aide naturelle qui exprime une conscience humanitaire et communautaire permet de transmettre passionnément l'espoir à une personne qui n'en a plus.

Aux États-Unis et au Canada, des dizaines de centres de prévention du suicide sont ouverts 24 heures par jour et fonctionnent grâce à l'engagement bénévole de centaines d'individus. Les bénévoles reçoivent une formation liée aux principes de l'intervention de crise et sont en mesure de transmettre l'espoir lors des crises suicidaires.

L'expérience bénévole s'étend à la mise sur pied de groupes d'entraide. Les recherches sur le soutien social démontrent que si les gens ont des amis ou des membres de leur famille avec qui ils peuvent parler ou échanger assez fréquemment et qu'ils en retirent un sentiment de bien-être et d'estime de soi, la maladie physique ou mentale a beaucoup moins d'emprise sur eux, surtout s'ils peuvent compter sur ce soutien en cas de besoin.

C'est comme si le soutien émotif et social que procurent amis et proches servait à amortir l'impact des événements stressants et traumatisants, empêchant ainsi que des troubles physiques et psychologiques de toutes sortes ne se développent. Par contre, certaines personnes ne reçoivent pas l'appui nécessaire de la part de leur entourage. Ce soutien, elles pourront le trouver auprès d'un groupe d'entraide.

C'est pourquoi un certain nombre de professionnels ont choisi de joindre leurs efforts pour faire en sorte que la population développe une autonomie en regard de sa propre prise en charge. Ces professionnels ont donc une attitude incitatrice et s'efforcent de créer des conditions favorables à l'expression de l'entraide en développant un ensemble de stratégies d'intervention basées sur le développement de liens d'entraide dans la communauté.

Le principe fondamental des groupes d'entraide est qu'une personne ayant vécu un problème particulier est plus apte à en aider une autre qui vit le même problème. C'est donc la mutualité, le partage collectif et l'affinité qui constituent les caractéristiques essentielles du groupe d'entraide. Ceux-ci s'adressent à des populations diverses, par exemple:

- les personnes qui ont à vivre un deuil à la suite du décès par suicide de l'un de leurs proches;
- les personnes qui vivent auprès d'un suicidaire;
- les personnes elles-mêmes suicidaires.

L'aide naturelle ne pourra jamais se substituer à l'aide qu'un professionnel peut apporter. Cependant, elle est un excellent complément au travail du professionnel. Le soutien naturel peut donc constituer une solution intéressante, spécialement pour certains individus qui recherchent la création de nouveaux liens, de nouvelles amitiés. Il est possible de croire que l'aide naturelle et l'aide professionnelle puissent être complémentaires et répondre respectivement à différents besoins chez les suicidaires.

Par ailleurs, il faut être très prudent dans la mise sur pied de tels programmes, puisque le risque que se perde la spontanéité des bénévoles ou des aidants naturels est grand.

Malgré tout, ces expériences basées sur une approche communautaire sont autant de réponses à offrir aux personnes en détresse suicidaire.

Il est possible aussi pour l'intervenant d'utiliser l'approche de groupe lorsque l'individu semble apte à accepter le regard des pairs ou des membres du groupe. Le terme de «groupe en situation de crise» se réfère à un ensemble d'individus, étrangers les uns aux autres, qui se réunissent en groupe avec un intervenant pour entreprendre la résolution de leurs crises individuelles à l'aide des interactions interpersonnelles (Aguilera, 1995).

Les objectifs de cette approche sont les mêmes que ceux de l'intervention individuelle à l'exception près que la résolution du problème se fait en groupe. À tour de rôle, chacun des participants discute de ses problèmes et chacun des membres apporte son point de vue et ses solutions à la problématique exposée. L'intervenant empêche les participants de tomber dans des discussions futiles et il s'assure que chaque membre du groupe a droit de parole.

En terminant, soulignons que l'écoute de la détresse suicidaire est un créneau d'intervention particulier qui s'adresse à des situations marginales. L'important est de transmettre au suicidaire l'espoir de trouver des solutions de rechange valables au suicide. Différentes personnes peuvent transmettre ce sentiment, de différentes manières. L'apport de ces interventions ne pourra qu'enrichir la qualité de l'aide, de l'écoute et des réponses apportées à l'individu suicidaire.

EN RÉSUMÉ

- Évaluer l'urgence et tenir compte de l'impulsivité.

- Tenir compte de l'immédiateté de l'intervention.

- Impliquer le réseau de soutien rapidement.

- Permettre l'expression de la douleur et de la souffrance.

- Évaluer les stratégies adaptatives et suggérer des solutions réalistes et immédiates.

- Mettre en place un suivi et apporter beaucoup de soutien.

Références

Aguilera, D. (1995). *Intervention en situation de crise: théorie et méthodologie.* Paris: InterÉditions.

Grayson, P.A. et Cauley, K. (1989). *Psychotherapy with suicidal students.* New York: The Guilford Press.

Mühlebach, A., Gognalons, M., Abensur, J. et Andreoli, A. (1993). *Annales-Médico-Psychologiques*, 151(1), 33-46.

Morissette, P. (1984). *Le suicide: démystification, intervention, prévention.* C.P.S. Québec: Bibliothèque nationale.

Souris, M. (1988). Considérations théoriques sur les mouvements psychiques dans la situation de crise. *Acta Psychiatry Review*, 88, 281-290.

Chapitre 6

La crise et le suivi de crise

Philippe Huon

Dans le présent chapitre, notre collègue Philippe Huon traite des principes fondamentaux d'intervention auprès des personnes suicidaires et de leur entourage à la lumière des notions de la psychanalyse. En effet, il aborde le premier contact avec le patient, les difficultés associées au travail thérapeutique, l'intervention de crise, le suivi postcrise et la gestion de l'urgence.

L'INTERVENTION

Le contact téléphonique

À l'occasion d'un premier contact téléphonique, il ne faut pas craindre d'initier une demande d'entrevue; il est toujours possible de suggérer à la personne de tenter au moins une fois l'expérience d'un entretien avec un psychologue ou un intervenant, tout en lui mentionnant qu'elle sera toujours libre de décider de poursuivre ou non l'expérience. Cela suppose par contre que cette relation initiée par le thérapeute devra être abordée en cours d'intervention, puisque la demande n'a pas été, au premier abord, celle du patient. Cette initiative du thérapeute est principalement le fait de cas graves, ou se produit lorsque le sujet voudrait abandonner alors qu'en réalité il se trouve en danger. Le plus souvent, la demande de thérapie est partagée par le patient et le thérapeute. Néanmoins, je continue à penser que le thérapeute doit s'engager proactivement, c'est-à-dire aller au-devant, et je n'ai jamais remarqué, comme le dit Jeammet, que le patient ait peur ou qu'il vive cet engagement du thérapeute comme une intrusion qui risquerait de le faire fuir. Par rapport au jeune anomique, l'adulte doit constituer un point d'appel et le jeune doit pouvoir se dire: «Cette personne s'intéresse à moi. Elle veut faire quelque chose pour moi même si je ne sais pas encore de quoi il s'agit.» En outre, cela peut constituer un point d'appel vers un projet de vie qui retransmet de l'espoir, même si cet espoir est teinté de l'inquiétude normalement liée à toute situation ou rencontre nouvelle.

Le premier contact

Le premier entretien a une grande importance pour le déroulement de la thérapie à venir. Le premier contact sert à nouer une relation, à formuler les problèmes, à déposer ses angoisses, à faire le point sur la qualité de l'appareil représentatif et la capacité à créer du psychique, même s'il s'agit d'une vision temporaire.

Il est également très important de définir exactement les notions exprimées par le sujet. Elles constituent des portes qui peuvent mener à plusieurs chemins. Il s'agit de bien comprendre ce que dissimulent des mots tels que *solitude, idéations suicidaires* et *mauvaise estime de soi*, qui peuvent traduire des réalités psychologiques différentes et tracer des pistes de travail.

Le premier entretien est également synonyme de naissance, le début d'une relation entre deux individus qui vont se rencontrer par des mots. Il doit être chaleureux ; la personne suicidaire doit se sentir la bienvenue, elle doit sentir qu'elle a une personne en chair et en os en face d'elle, une présence bien réelle. L'intervenant doit montrer, par ses paroles et son accueil, que la relation humaine est ce qu'il y a de plus important au monde, malgré les obstacles, qu'il importe de redonner leur sens véritable aux événements qui surviennent ou aux pensées qui nous animent, et qu'il est bien de partager ceci avec quelqu'un. Cette présence permet de créer une alliance thérapeutique, une complicité qui est primordiale dans ce type d'intervention.

Dans un deuxième temps, lorsque le psychologue décèle un blocage, il convient de rechercher quels traumatismes sont à son origine. Les caractéristiques de la relation que le patient déploie avec son thérapeute servent de modèle pour comprendre le fonctionnement psychique du patient.

Les incidences d'une intervention avec la personne suicidaire

Par la suite commence un travail plus spécialisé, qui suppose une connaissance plus approfondie de l'univers du suicide et une sensibilisation à la prévention et à l'intervention.

Le professionnel devra être présent de façon permanente, même si sa présence, nécessité oblige, ne sera que rythmique. C'est dans l'alternance des présences et des absences qu'une continuité psychique pourra se restaurer chez le suicidaire, qui vivait jusqu'alors au rythme des coups de boutoir désordonnés de la douleur. En premier lieu, le but de la rencontre est d'aider la personne à formuler un certain nombre de soucis, de préoccupations et d'inquiétudes. Pendant toute la rencontre, on doit essayer de soulager l'angoisse jusqu'à la prochaine rencontre, que l'on décidera très rapprochée ou non, en fonction de la capacité du patient à supporter cette douleur. On doit apprendre progressivement à la personne à remplacer la tentation du passage à l'acte par le réflexe du téléphone, par une demande de soutien et d'accompagnement pendant les moments difficiles.

Parallèlement, le spécialiste devra étudier la dynamique des représentations morbides qui animent le sujet. Que traduisent-elles de son image de soi, de sa place au sein de sa famille et de son réseau élargi de relations? Le suicide, en définitive, est une ultime tentative, un moyen pour lui de faire cesser une douleur due à l'incapacité de traiter, sur la scène mentale, des affects ou des représentations en souffrance qui ont trait à sa façon d'être avec lui-même, avec l'autre et à la façon qu'a l'autre d'être avec soi.

On entend souvent dire que les mots font plus de mal que les actes mais, *a priori*, il n'y a pas raison de penser que quelqu'un qui cherche à aider une autre personne veuille lui faire du mal. Elle peut cependant commettre des maladresses. L'important est d'être sincère et d'être animé par l'idée de faire de son mieux, chacun à son niveau, en fonction de son engagement affectif et/ou professionnel, pour qu'une personne ne mette pas fin à ses jours.

Évidemment, le désir de chaque intervenant est complexe. Il peut lui jouer des tours, en fonction de sa propre histoire et de sa sensibilité. Idéalement, l'intervenant devrait toujours être à l'écoute de lui-même, attentif à ses propres émotions, attentif aux réponses qu'il est en train de donner au suicidaire et à l'effet que ses paroles risquent de produire.

La façon de recevoir l'intention de se suicider est cruciale dans le processus suicidaire. Elle peut y mettre fin ou l'envenimer davantage. Certaines personnes qui avaient des intentions confuses, incertaines, mal articulées, confient être devenues sérieusement suicidaires à la suite du refus de l'entourage de prendre en considération leur souffrance.

Les personnes qui souhaitent jouer un rôle actif dans la prévention du suicide doivent réagir positivement et faire acte de reconnaissance du désir de suicide qui se développe chez un individu. Elles doivent entrer en résonance émotionnelle avec les soucis de la personne. Certains intervenants exprimeront de la surprise, de l'étonnement, ne comprendront pas ou ne voudront pas comprendre les intentions du suicidaire. Ils les tourneront en dérision, se montreront indifférents. En somme, ils ne feront qu'accentuer la souffrance et renforcer le sentiment d'isolement affectif et existentiel de celui qui s'est confié.

Il peut y avoir un gros écart entre l'adhésion théorique à un projet d'aide aux suicidaires et le comportement de chacun dans les faits. Toute personne doit se situer en fonction de son rôle et de sa fonction ou du lien qu'elle entretient avec le sujet. Ce rôle doit être vécu dans la souplesse, la tolérance, la reconnaissance de ses propres limites et non dans l'angoisse de ne pas posséder les compétences nécessaires.

J'aimerais insister sur ceci : en parler ou non n'est pas la question. La question, on l'a constaté, est: «Que faire d'une confidence liée à un immense malaise de vie?»

Quand je dis qu'une personne doit relayer le message, je veux indiquer qu'il s'agit ici de la fonction primaire de la personne-ressource, mais que cette dernière peut jouer un rôle déterminant si elle permet au suicidaire de réaliser une rencontre de confiance et positive dans son existence: une présence, une réalité dense, des mots vivants et rassurants qui ont pu éponger momentanément l'angoisse. Chaque rencontre que fait la personne suicidaire devrait lui permettre de nouer une relation source de compréhension et de chaleur, simplement à partir de l'amorce du problème qu'elle a voulu livrer à son interlocuteur. Cela l'incitera à revoir cette personne qui lui a permis de se dégager, même provisoirement, de l'angoisse qui la hantait.

L'important est donc que les paroles qui circulent au sein d'un réseau puissent le faire par le bais de personnes accueillantes qui pourront saisir le message du suicidaire, le contenir, «l'héberger», se charger en partie de son traitement, pour finalement le relayer vers d'autres ressources. Si le besoin s'en fait sentir, il faut diriger la personne vers des ressources professionnelles plus appropriées. Par la suite, celle-ci devra être en mesure de pouvoir repérer aisément les gens à qui s'adresser en cas de nécessité.

L'intervention psychothérapique et le suivi postcrise

Le suicide constitue le témoin par excellence d'une relation intrasubjective et intersubjective conflictuelle. L'idéation suicidaire est l'aboutissement d'un dialogue interpsychique difficile, voire impossible. Les idéations suicidaires, les tentatives de suicide et le suicide sont donc les symptômes d'un fonctionnement mental perturbé.

Quelle est l'utilité d'un «Je ne veux pas que tu meures»?

Cette phrase, qui ne trouve pas tout à fait sa légitimité dans une relation analytique classique et entre en contradiction avec la neutralité bienveillante, me semble appropriée dans le cadre d'une relation avec une personne qui traverse une crise suicidaire. Cette phrase constitue le paradigme d'un ensemble plus complexe de propositions telles que «Je vais essayer de traduire ce que tu vis en ce moment», «Je vais te dire ce que je vis en face de toi, je vais essayer d'y donner une signification momentanée, et je vais te dire ce qu'est la vie pour moi».

Le «Je ne veux pas que tu meures» doit être prononcé dans un contexte où règne pour l'autre le régime de l'urgence. Néanmoins, si cet engagement se perpétue, on sera projeté dans une relation réparatrice ou dans une ego-psychologie, une pédagogie psychologique, qui invite le sujet à développer ses capacités cognitives ou ses conduites adaptatives.

La capacité de se poser des questions, la capacité d'avancer des hypothèses, la capacité d'oser explorer des pensées, fussent-elles agressives envers quelqu'un ou envers soi-même, la possibilité de divaguer, de se tromper, de reconnaître ses erreurs, de laisser à l'autre le droit de juger de son raisonnement, de ne pas être d'accord, de ne pas tout savoir, la capacité de prendre ses distances par rapport à ses représentations, de ne pas en avoir peur et de pouvoir, le cas échéant, les modifier ou les moduler; tout ce travail, avec le temps, permet de resituer le sujet sur un continuum passé, présent et avenir. C'est la reconnaissance de ses possibilités, de ses limites, le ressourcement possible sur soi et les capacités de régression que possède l'individu et qui permettent d'opérer un retour en arrière, de s'arrêter pour de nouveau avancer, sans se désorganiser.

À ce propos, on peut signaler qu'une crise peut permettre la maturation ou être l'occasion d'une désorganisation psychique. Tout dépend des points de fixation ou de régression qui existent chez l'individu.

La fonction consolatrice du surmoi

Pour l'adolescent, la thérapie doit être un lieu où il peut mener toutes les batailles qu'il veut, en paroles. Bien que cela semble évident, beaucoup de jeunes n'osent pas dire ce qu'ils pensent, verbaliser l'injustice dont ils sont l'objet de la part de leurs parents ou de leurs enseignants. C'est en partie pour cela qu'ils sont amenés à mettre en acte cette parole impossible à faire reconnaître et à faire comprendre aux adultes. Il faut qu'ils soient reconnus dans le jugement qu'ils portent sur eux-mêmes et sur les autres. Bien souvent, on leur fait croire qu'ils se trompent, alors qu'ils sentent les choses de façon très juste. En conséquence, ils n'ont plus confiance dans leurs jugements, leurs ressentis et ils ont l'impression de déraisonner ou d'être fous. Dans la vie, on ne peut certainement pas dire tout ce que l'on pense d'une personne, de ses parents par exemple et, qui plus est, on ne pourra guère les changer, mais la seule liberté dite fondamentale qu'on a, c'est de pouvoir penser les choses même si cela ne débouche pas sur des actes, même si l'on ne peut pas accorder le monde à nos pensées.

En fait, l'important c'est que la personne trouve une autre disposition d'esprit pour aborder la situation et se construise un autre dialogue intérieur même si cela ne se fait pas dans la réalité. En outre, il importe aussi de retrouver un accord sur des pensées pour alléger la souffrance, que l'autre puisse croire que l'on pense juste, qu'on soit reconnu dans ses pensées. En réalité, la souffrance provient, dans ce cas, du fait de vouloir faire entendre raison à une personne et de ne pas être certain que sa parole va être reconnue avec véracité par l'interlocuteur.

Le surmoi consolateur, c'est en fait pouvoir partager le vécu douloureux de quelqu'un: «Je suis d'accord avec toi que cette situation n'est pas facile à supporter, mais c'est ainsi et je ne vois pas comment changer les choses pour l'instant. Donc, tu es obligé de vivre avec mais tu as raison de penser de cette façon. Je suis prêt à partager avec toi ta souffrance en prenant tout le temps qu'il sera nécessaire pour passer à une autre étape.»

La gestion de l'urgence

Il faut que cela soit fait avec intelligence, en évitant de prendre au pied de la lettre le risque suicidaire d'un individu au point de l'envoyer tout de suite à l'hôpital ou dans une unité d'hospitalisation pour adolescents. On n'est pas là simplement pour intervenir dans l'urgence et se débarrasser le plus vite possible des gens en les envoyant vers des ressources spécialisées. Comment concilier traitement de l'urgence et traitement à plus long terme?

On ne peut pas et on ne doit pas hospitaliser une personne suicidaire sans prendre le temps de nouer une relation avec celle-ci. Si une hospitalisation se révèle, en fin de compte, nécessaire, il faut que la personne ait l'intime conviction que l'accueillant a agi ainsi non pour se débarrasser du problème ou pour une question de responsabilité, mais en fonction d'un engagement personnel dans cette décision; il faut qu'elle soit convaincue que sa famille ou le groupe social se sent en quelque sorte responsable d'elle et a un rôle de protection à jouer. Ce geste doit être perçu comme: «On va essayer de trouver une solution ensemble et ce geste, on le fait pour nous deux. On va se partager le travail; toi tu essaies de contenir ta souffrance, moi je m'occupe du reste».

Définition de l'urgence

L'urgence dépend du regard que l'on porte sur une situation. L'état d'urgence est un moment psychologique particulier renvoyant à des risques qui diffèrent selon la personnalité du sujet.

La crise est un moment de menace pour le sujet. L'urgence est un moment de paroxysme. Elle pose donc un problème simple en apparence, mais il faut faire vite, agir dans les délais les plus brefs. Après, il sera trop tard.

L'échéance est le moment après lequel le point de non-retour est atteint. Le moment critique, dit-on. Au-delà du point critique, on ne peut plus faire marche arrière, retrouver l'état antérieur. Les blessures ou l'évolution de la maladie ne permettront pas de sauver le patient.

Ainsi, l'urgence qui est sous-jacente à la crise fait apparaître l'une des caractéristiques les plus troublantes du temps : l'irréversibilité. L'urgence est une tentative de chercher, de trouver un contenant extérieur et de le contrôler pour ne pas sombrer. Sinon, il se produit une mise en acte. L'urgence est une demande d'éternité : «Tout de suite, sinon je vais mourir». Dans la crise suicidaire, le sujet n'a aucune prise sur les ressentis qui agissent en lui. Notre travail doit amener la transformation de ces éprouvés en représentation.

La victime d'un accident de la route ou d'un malaise cardiaque est prise en charge par le service des urgences d'un hôpital. Son état réclame des soins immédiats. Les médecins peuvent définir avec une certaine fiabilité le moment où il ne sera plus possible de la sauver. L'urgence de leur intervention est en rapport avec cet instant déterminé du temps qui en fixe la limite et que l'on vient d'appeler échéance.

Le travail de l'urgentiste par rapport à un problème somatique est facilement imaginable par le commun des mortels; on pourrait le définir en trois mots: «Vite, vite, pressons». La rapidité et l'intensité des soins peuvent permettre de gagner la course contre la mort, mais on peut se poser les questions: Qu'en est-il de la personne qui ne fait pas une crise cardiaque, mais plutôt une crise suicidaire? Y a-t-il urgence? Urgence de quoi?

Le traitement de l'urgence suicidaire doit se situer aux antipodes du traitement des urgences somatiques. Le suicidaire ne pourra se détendre que par la rencontre avec une personne qui a un comportement «non urgent», qui n'agit pas précipitamment, qui prend tout son temps et qui est présent dans le temps. La personne qui nous adresse son urgence recherche un soin, une rencontre. On doit lui permettre de parler de la mort, de la peur de mourir, de ce qui se passe au moment même, de ce qui est vécu et des doutes éprouvés. En parler, même si c'est douloureux, permet à la personne de se sentir mieux, de déverser le trop-plein et de retrouver un *contenant*.

Pour mener à bien le traitement, il faut premièrement que la personne puisse nommer les vécus, les états ; en second lieu, on doit l'aider à transformer ce qui allait devenir un acte en pensées, pour finalement lui permettre de restaurer le contenant, c'est-à-dire la faculté de représentation mentale.

En traversant avec elle ce moment d'effondrement, on lui aura appris quelque chose sur elle-même, sur sa relation avec les autres, et on aura en quelque sorte noué une relation. Elle aura le sentiment d'être inscrite à l'agenda d'une personne. On aura fait avec elle, et non sans elle.

L'INTERVENTION AVEC LA FAMILLE

Les relations parents-enfants

Je prends les gens comme ils viennent. La famille et le jeune choisissent la façon dont ils veulent franchir le seuil de mon bureau pour la première fois. C'est une manière de les prendre à leur fonctionnement optimum, pas nécessairement au niveau le plus parcimonieux. Le fait de prendre les gens comme ils viennent permet de rassurer tout le monde; le thérapeute ne va pas anéantir les alliances inconscientes entre les différents membres du groupe et il va respecter le choix de la famille. Attention! il n'est pas question de dire que ces alliances ou ce fonctionnement familial ne feront pas ultérieurement l'objet de discussions car, à l'issue d'un entretien où il y aura au moins deux personnes, je me prononcerai sur la façon dont je concevrai la suite des entretiens. Par contre, même après avoir dit ce que je pense, si je dois proposer un travail familial, je le ferai en ces termes: «Je pense que cela serait bien pour vous de venir en famille; vous pouvez y réfléchir».

Dans le cas d'un travail individuel, ma porte est ouverte ponctuellement aux parents, mais en présence de l'enfant et seulement si le jeune est d'accord. Cela rassure les parents de savoir qu'ils peuvent venir s'ils en éprouvent le besoin. Si, à un moment ou à un autre, la famille éprouve le besoin d'un cheminement familial ou si je perçois une indication de thérapie familiale, je les aiguille alors vers un collègue, à cette fin. En ce qui a trait aux parents, le fait que le thérapeute puisse les accueillir leur indique, sur le plan psychique, que ce dernier leur réserve une place dans la démarche entreprise.

GRILLE D'ÉVALUATION ET D'INTERVENTION

Observation du comportement
Contact-interaction

Présence de signes précurseurs:
- Verbalisations directes ou indirectes
- Changements dans les comportements
- Changements dans l'humeur
- Dépression, isolement social
- Don d'objets
- Préparation d'un «départ»
- Tout autre signe précurseur ou message

Discuter de la situation et nommer le suicide à l'aide de:

- L'investigation
- L'écoute
- L'expression des émotions

- Événements stressants
- Événement déclencheur
- Histoire antérieure, roman personnel
- Présence d'un plan suicidaire
- S'informer sur les ressources disponibles
- Démarches faites ou entreprises, résultats obtenus

Présence d'une idée suicidaire?
Quel est le degré d'urgence? (Se reporter au tableau suivant.)

FAIBLE	MOYEN	ÉLEVÉ
– L'intention n'est pas imminente	– Intention suicidaire présente mais pas imminente	– Intention suicidaire imminente
– Investigations fréquentes	– Investigations régulières	– Intervention immédiate
– Diriger vers consultation	– Élargir l'intervention – entraide – ressources – consultation professionnelle	– Prendre contact avec les services d'urgence
– Mobiliser le réseau	– Mobiliser le réseau	– Mobiliser le réseau – Engager des ressources professionnelles
– Suivi préventif	– Suivi préventif et soutien – Organiser et planifier un suivi avec les ressources et le réseau	– Suivi actif et intensif

EN RÉSUMÉ

- Établir un lien de confiance et empathique avec l'individu suicidaire dès la première rencontre, afin d'inciter ce dernier à revenir consulter.

- Développer chez lui le réflexe de téléphoner lorsque le besoin s'en fait sentir.

- Le faire rationaliser sur la normalité de ses représentations internes de lui-même et de ce qu'il vit, tout en corrigeant ses inexactitudes.

Chapitre 7

Spécificité de l'intervention auprès des adolescents

Judy Lynch et Monique Séguin

Le suicide chez les adolescents constitue une grande préoccupation de notre société. D'ailleurs, il s'agit d'une réalité qui heurte nos valeurs et notre conception de ce qu'est et de ce que devrait être l'adolescence.

On remarque une augmentation des taux de suicide depuis les années 50. Le taux de suicide au Québec pour le groupe des 15 à 19 ans est de 33,5 pour les hommes et de 6,3 pour les femmes pour 100 000 habitants, de 1993 à 1995 (MSSS, 1998). Malgré les multiples recherches pertinentes et une meilleure compréhension de cette problématique, on constate une stabilité des taux de suicide chez nos jeunes depuis le début des années 90. De plus, le suicide est au deuxième rang des décès chez les jeunes de 10 à 24 ans (SIEC, 1998).

Mis à part les taux de suicide, les pourcentages d'idéations et de tentatives suicidaires viennent compliquer la problématique. Selon différents auteurs, pour chaque décès par suicide, on compte entre 20 et 200 tentatives de suicide (Jarvis et Boldt, 1982; Peck, 1981; Tousignant *et al.*, 1986). Les recherches démontrent également que les garçons décèdent plus souvent par suicide que les filles. Cependant, les filles font plus de tentatives de suicide que les garçons. On rapporte que les taux de suicide achevés sont de quatre garçons pour une fille (SIEC, 1998). Il semble que les garçons prennent des moyens moins réversibles tels que les armes à feu et la pendaison, contrairement aux filles qui prennent des moyens où l'intervention médicale est plus facile. Toutefois, cette tendance commence à changer. Depuis quelques années, les filles utilisent des moyens plus létaux.

Devant l'ampleur de ces données, le suicide d'un adolescent ou d'une adolescente ne peut que nous bouleverser. Les adultes sont désemparés, attristés ou choqués de voir des jeunes en arriver là:

«Elle avait la vie devant elle!»
«Il se suicide pour une petite amie! Il aurait pu s'en faire une autre.»
«Tout lâcher comme cela... ça me choque!»

Les adolescents n'échappent pas au questionnement que provoque le suicide:

«Il y a des moments, je comprends mon ami Louis d'avoir fait ça...»
«Je me demande pourquoi il a fait ça.»
«Ça m'est arrivé d'y penser moi aussi, mais j'ai trouvé une façon de m'en sortir.»
«Est-ce que ça pourrait m'arriver?»

L'adolescence, nous le savons tous, est une étape de vie qui se caractérise par divers changements et demande une grande faculté d'adaptation. L'adolescence est souvent synonyme de changements sur le plan physique, de curiosité envers la sexualité, de l'exploration de son identité et d'une redéfinition sur le plan relationnel avec son entourage.

Il faut se rappeler que les adolescents vivent souvent au moment présent, où les émotions sont fréquemment vécues de manière globale et intense. Les émotions occupent tout le champ du vécu intérieur. On pourrait sûrement affirmer que les difficultés que l'adolescent éprouve sont intensifiées étant donné qu'elles sont les premières expériences de ce type. Elles sont donc très réelles et importantes.

Les adolescents cherchent à trouver et à définir leur place dans le monde. Le cheminement pour y arriver n'est pas toujours facile, parsemé de hauts et de bas, de doutes et de certitudes, de confiance et d'inquiétude.

Certains adultes ont du mal à comprendre que les jeunes puissent en arriver à penser au suicide puisqu'ils sont à l'aube de leur vie, mais l'âge n'est pas proportionnel à la profondeur des blessures qui peuvent affliger un individu.

La question qui revient fréquemment dans la recherche, en intervention et dans nos discussions, mais qui n'obtient toutefois pas de réponse définitive, est la suivante: «Pourquoi les adolescents se suicident-ils?» Malheureusement, il n'existe pas de réponse simple puisque le suicide est un problème multifactoriel et complexe.

LES FACTEURS DE RISQUE

Le suicide est un phénomène complexe qui se compose de plusieurs facteurs psychologiques et sociaux. Dans un premier temps, nous discuterons des caractéristiques à risque souvent observées chez l'adolescent et dans son environnement et, dans un deuxième temps, nous aborderons les événements de vie stressants fréquemment associés au suicide. Brent et ses collègues (1993) ont effectué une étude destinée à évaluer la relation qui existe entre les événements de vie stressants et le suicide chez les adolescents. Les résultats suggèrent que les adolescents qui se sont suicidés faisaient face, un an avant leur décès, à plus de conflits interpersonnels, de pertes et de problèmes juridiques ou disciplinaires que d'autres adolescents d'un groupe témoin.

Nous énumérons ici les principaux facteurs susceptibles d'augmenter le risque de comportements suicidaires chez les jeunes. La liste n'est pas exhaustive. Elle est basée sur des résultats de recherche qui avaient pour objet l'étiologie des comportements suicidaires.

CARACTÉRISTIQUES CHEZ L'ADOLESCENT

Dépression

Des recherches suggèrent que les jeunes qui souffrent de problèmes de santé mentale sont davantage à risque de se suicider. Il existe un éventail de problèmes de santé mentale qui peuvent être présents chez l'adolescent suicidaire, mais celui qui mérite une attention particulière est, sans aucun doute, la dépression.

La dépression est un trouble de l'humeur qui peut être caractérisé par la présence de certains des symptômes suivants: un manque d'intérêt pour les activités habituelles; une faible estime de soi; de la difficulté à prendre des décisions; des difficultés d'attention et de concentration; la perte d'espoir; un changement dans l'appétit; un sommeil dérangé; et un manque d'énergie. De façon générale, les enfants et adolescents qui sont déprimés démontrent aussi des comportements d'irritabilité (American Psychiatric Association, 1994).

Une caractéristique indirectement liée à la dépression et présente chez les suicidaires est la perte d'espoir en la vie. Les jeunes qui affichent une perte d'espoir ne voient pas seulement les choses comme si elles étaient sans issue mais ont le sentiment que les choses ne pourront pas s'améliorer. Spirito *et al.* (1988) affirment que la perte d'espoir est un indicateur important des idéations suicidaires.

Drogues et alcool

Plusieurs études démontrent que les drogues jouent un rôle important dans la problématique du suicide. En fait, une étude menée par Garnefski et De Wilde (1998) suggère une interaction entre le nombre de comportements à risque de dépendance (cigarettes, alcool, drogues douces et fortes, sédatifs, etc.) et les tentatives de suicide. Plus un adolescent aura recours à plusieurs substances psychoactives, plus il sera à risque de se suicider.

Les adolescents consomment parfois de la drogue et de l'alcool afin de réduire la douleur psychologique qu'ils ressentent en raison des conflits relationnels. Ils peuvent tenter d'anesthésier des problèmes éprouvés à l'école. La consommation d'alcool et de drogues est souvent une forme d'automédication qui vise à engourdir son désarroi, sa détresse, son sentiment d'avoir peu de valeur personnelle. Les jeunes qui consomment veulent la plupart du temps essayer d'échapper à la confusion. Sous l'influence de la drogue ou de l'alcool, ils éprouvent un certain réconfort, se sentant momentanément mieux. Toutefois, la consommation de drogues cache souvent une tout autre réalité. Elle est plutôt utilisée pour camoufler des problèmes profonds chez les jeunes et, malheureusement, elle entraîne à court ou à moyen terme toute une série de problèmes.

De plus, la drogue et l'alcool représentent un autre grand risque puisqu'ils ont un effet désinhibiteur. Par conséquent, les jeunes sont plus susceptibles d'adopter des comportements suicidaires lorsqu'ils sont intoxiqués.

Échec scolaire

Les jeunes ont-ils des intentions suicidaires à la suite de difficultés scolaires ou éprouvent-ils des difficultés scolaires parce qu'ils vivent une détresse suicidaire? Comme nous l'avons déjà indiqué, la crise suicidaire s'inscrit dans une période de tension et de désorganisation pendant laquelle les capacités de résolution de problèmes décroissent. Un ou des échecs scolaires risquent alors de survenir et, parfois, de devenir l'élément déclencheur d'une tentative de suicide. Plusieurs auteurs constatent que les jeunes suicidaires ont de la difficulté à s'intégrer au milieu scolaire et que leur rendement scolaire est insatisfaisant. On a également observé que les adolescents suicidaires étaient nombreux à quitter l'école. Toutefois, il existe aussi des jeunes suicidaires qui n'éprouvent pas de difficultés majeures à l'école.

FACTEURS ENVIRONNEMENTAUX

Climat familial

L'unité familiale est une grande source d'influence pour le développement de l'enfant et de l'adolescent. En fait, elle est à la base du développement et de l'apprentissage dans l'expérience humaine et agit comme modèle. Mais qu'advient-il lorsque les familles sont vulnérables et dysfonctionnelles?

Plus encore que l'organisation structurelle de la famille (parents séparés, par exemple), le climat familial contribuerait aux comportements suicidaires. C'est pourquoi nous nous y attarderons davantage. Farberow (1985) souligne le rôle majeur de la famille. Parmi les principaux facteurs qui interviennent, il mentionne les relations chaotiques, la violence et les abus physiques, l'alcoolisme des parents, les mésententes conjugales et le comportement suicidaire de l'un des parents. Selon Tousignant *et al.* (1986), les risques d'être suicidaire sont plus élevés pour un jeune qui vit dans une famille dans laquelle le climat est chaotique. Il semble que le climat familial soit plus important que la séparation comme telle. À ce sujet, Jacobs et Teicher (1967) soulignent que c'est moins le traumatisme d'une séparation antérieure d'avec le père, la mère ou les deux parents qui caractérise l'adolescent suicidaire que le type de relation qui prévaut au sein de la famille au moment de l'adolescence.

D'après certaines recherches, la stabilité familiale est un facteur déterminant du risque suicidaire. D'autres auteurs soulignent que l'abus et la négligence commis par les parents sont un facteur de risque important. Certains auteurs signalent que l'inceste et les abus sexuels contribuent à l'augmentation du risque suicidaire.

Interrogés dans le cadre d'une étude menée par Côté *et al.* (1990) auprès de 2 850 adolescents, ceux à tendances suicidaires évoquent des problèmes familiaux tels que les conflits avec les parents ou la fratrie, le divorce, la séparation des parents, la violence et l'inceste. Il ressort que les difficultés familiales sont les événements déclencheurs les plus importants lors de tentatives de suicide; viennent ensuite les difficultés dans la vie sentimentale.

Un manque d'échange émotif entre les parents et l'enfant finirait par persuader celui-ci qu'il n'est pas une personne susceptible d'être aimée et que son existence n'a pas de valeur aux yeux des autres. Brown (1985) croit que l'une des tâches de la famille est de développer une mutualité qui valoriserait l'existence de l'enfant. Sans cette valorisation familiale, l'adolescent n'aura pas plus tard les habiletés nécessaires pour intégrer les émotions difficiles, ce qui entravera sa marche vers l'autonomie.

Les enfants évoluant dans un climat familial qui ne leur permet pas de croire en leur propre valeur cultiveront plus tard une image négative d'eux-mêmes. Cette image les empêchera de développer les mécanismes nécessaires pour faire face à leurs problèmes. Farberow (1985) croit aussi que les jeunes dont les relations avec leur famille sont mauvaises développent peu de stratégies d'adaptation. Ils se sentent impuissants lorsque des difficultés sérieuses surviennent. Ils ont alors l'impression de ne plus être maîtres de la situation et d'être incapables de changer quoi que ce soit.

Il faut considérer que les jeunes peuvent aussi avoir une perception négative des relations qu'ils entretiennent avec les membres de leur famille sans que cette perception soit partagée par le reste de la famille. Il n'est quand même pas étonnant qu'un adolescent ait certaines perceptions négatives du contrôle et de l'autorité parentaux. Ce que les études citées plus haut démontrent, c'est qu'il doit y avoir un véritable climat d'abus, de négligence, de violence et de rejet au sein de sa famille pour contribuer au risque suicidaire.

Il faut toutefois moduler ces données en fonction d'une vue d'ensemble de la situation du jeune. Enfin, soulignons qu'il est tout aussi possible qu'un jeune suicidaire entretienne de bonnes relations avec sa famille et ses parents ou que, malgré des tensions, sa relation avec sa famille et ses parents ne soit pas conflictuelle.

Intégration sociale

De nombreux adolescents suicidaires sont isolés, ont peu d'amis ou peu de confidents. D'autres, toutefois, connaissent beaucoup de monde et disent avoir des amis. Il semble donc que l'intégration sociale est non seulement fonction de l'organisation réelle, mais aussi de la perception que la personne suicidaire a de son entourage. Selon Shneidman (1985), les personnes suicidaires ne sont pas nécessairement seules, mais néanmoins elles se sentent seules.

Tousignant *et al.* (1986) ont comparé 25 étudiants suicidaires à 25 étudiants non suicidaires quant aux formes de soutien social qu'ils avaient développé. Les jeunes des deux groupes ne se différencient pas les uns des autres quant au nombre de liens importants qu'ils ont avec des personnes à l'extérieur de leur foyer. Par contre, les auteurs rapportent de grandes différences quant au nombre de personnes importantes au sein de la famille; dans le cas des jeunes suicidaires, les liens sont moins nombreux, mais ils sont aussi souvent des sources de conflits. Cette recherche confirme donc la distinction entre l'isolement social et l'isolement affectif.

ÉVÉNEMENTS DE VIE STRESSANTS

Conflits interpersonnels

Certaines études démontrent que les conflits interpersonnels ont constitué une source de stress élevé chez les adolescents victimes de suicide (Brent *et al.*, 1993; Marttunen *et al.*, 1993). Des conflits interpersonnels peuvent exister à différents niveaux. Ces conflits peuvent se retrouver avec la fratrie et les amis mais il semblerait que les conflits avec les parents seraient l'un des facteurs les plus communs chez les adolescents suicidaires (Brent *et al.*, 1988; Negron *et al.*, 1997). Il est évident que tous les adolescents vont connaître un conflit avec leurs parents à un moment ou à un autre, mais tous les adolescents ne se suicident pas à la suite de tels conflits. Il est possible que les jeunes qui sont vulnérables réagissent excessivement aux difficultés normales existant dans les relations interpersonnelles (Robbins, 1998).

Les pertes

La perte d'un parent, d'un frère, d'une sœur ou d'un ami intime peut susciter le désespoir et par conséquent augmenter les risques d'un comportement suicidaire (Robbins, 1998). Une perte subie à un jeune âge peut engendrer des difficultés majeures à l'occasion de nouvelles pertes. En fait, les pertes plus récentes éveillent la douleur ressentie au moment d'une perte antérieure et, par conséquent, aggravent la douleur présente (Lester, 1993).

Plusieurs auteurs rapportent que bien des jeunes suicidaires se trouvent en phase de rupture de relation au moment de la tentative de suicide. Tousignant *et al.* (1986) ont mené une étude auprès de 50 jeunes dont la moitié cultivaient alors des idéations suicidaires sérieuses, tandis que l'autre moitié étaient non suicidaires. L'étude révèle que les jeunes suicidaires vivent plus intensément une relation amoureuse et peuvent former assez tôt des projets de cohabitation ou de mariage. Une rupture les affecte davantage, plus sérieusement et plus longtemps. Selon l'étude, la peine d'amour a laissé des traces plus profondes chez eux, soit parce que la relation était plus intense au départ, soit parce qu'ils étaient plus vulnérables psychologiquement.

On peut supposer que l'adolescent suicidaire vit plus intensément une relation amoureuse et y investit davantage parce qu'il ne trouve pas dans son milieu familial l'amour, la tendresse, l'attention et l'affection dont il a besoin et parce qu'il cherche une personne susceptible de le rassurer quant à sa valeur personnelle.

Problèmes juridiques ou disciplinaires

Les travaux menés par Brent *et al.*, (1993) suggèrent un lien entre les adolescents suicidaires qui présentaient un problème de conduite et de consommation de drogues et la présence de problèmes juridiques ou disciplinaires.

Il semblerait que c'est l'humiliation ressentie par l'adolescent à la suite de problèmes juridiques qui engendrerait davantage de comportements suicidaires. Nous avons donc intérêt à intervenir auprès des jeunes qui sont étiquetés délinquants.

Même s'il n'est malheureusement pas possible de déterminer quelle est la combinaison clé des facteurs menant au suicide, il est néanmoins important d'agir. Il ne faut certainement pas prendre à la légère les jeunes qui menacent de se suicider, qui font des arrangements particuliers tels que le don d'objets personnels, tout comme les jeunes qui ont une histoire de tentatives de suicide.

SIGNES AVANT-COUREURS À UN STADE INITIAL DU PROCESSUS SUICIDAIRE

Pronovost (1998) constate que les adolescents qui sont au début du processus suicidaire ont une propension à extérioriser leur mal de vivre, principalement par des manifestations de tension et par une recherche de contact. Il est à noter que deux caractéristiques du vécu social, caractérisé par «la quête de nouveaux amis» et «la dépendance à l'égard des figures adultes», ne se retrouvent pas chez l'adolescent qui a tenté de se suicider à une ou plusieurs reprises. L'auteure croit que les 11 caractéristiques suivantes peuvent être considérées comme les indices comportementaux les plus fiables pour le dépistage anticipé des tendances suicidaires à l'adolescence:

- manque de persévérance, de ténacité
- hypomobilité, passivité
- quête de nouveaux amis
- dépendance aux figures adultes
- mode de contact agressif avec l'entourage
- irritabilité
- colère
- changements brusques du comportement ou de la personnalité
- faibles résultats scolaires
- échecs
- peu d'intérêt et peu de participation aux cours

Comme le souligne l'auteure, ces données nous amènent à constater l'existence d'un nombre important de caractéristiques comportementales qui sont directement observables dans le vécu quotidien de l'adolescent et ce, dès l'amorce du processus suicidaire.

À notre avis, ces résultats confirment l'importance de la prévention et de l'intervention précoces en milieu scolaire.

PARTICULARITÉS DE L'INTERVENTION AVEC LES ADOLESCENTS

Compte tenu de l'expérience de vie limitée des adolescents, ils n'ont pas toujours développé un très grand éventail de stratégies adaptatives pour faire face aux crises. Leur réseau social est souvent limité aux pairs, et leur quête d'autonomie ainsi que leurs difficultés avec l'autorité gênent souvent leurs relations avec les adultes.

Chez les adolescents, le seuil de tolérance à la frustration et à la souffrance est peu élevé, et l'impulsivité est grande. Il faut évaluer avec précaution l'urgence et l'intention suicidaires car le processus peut être court et le passage à l'acte rapide. Il importe donc d'agir promptement et de redonner espoir au jeune. L'intervention à ce stade peut, comme nous l'avons déjà vu, être directive et impérative. Il est aussi primordial d'assurer une présence auprès du jeune suicidaire. Les adolescents qui passent des moments difficiles et qui ne voient pas et ne sentent pas de fin à leurs souffrances nous demandent de les reconnaître. Il est impensable de croire que le jeune se sentira compris et accepté s'il est laissé à sa solitude.

Dans un deuxième temps, et de façon prioritaire, l'intervention portera sur l'expression de la souffrance et de la douleur que le jeune éprouve. L'adolescent doit pouvoir exprimer à fond son désarroi, sa peine, son désespoir et faire part de ses interrogations en toute confiance. Comme nous en avons déjà fait état, la personne qui écoute doit accueillir l'autre avec respect et non le juger. Son écoute et ses interventions rendront possibles une clarification des différents facteurs de la crise et une analyse de la situation.

La personne suicidaire doit sentir que l'on perçoit, que l'on comprend sa souffrance et que l'on prend au sérieux tout ce que traduisent ses verbalisations et ses menaces suicidaires. Il est important de lui montrer que nous croyons fermement en d'autres solutions que le suicide tout comme en ses capacités de surmonter la crise.

«Je comprends que tu te sentes comme ça.»

«Je sais que tu souffres et je suis convaincu qu'il existe d'autres solutions. Je vais t'aider à les trouver.»

«Qu'est-ce qui t'aiderait à te sentir mieux maintenant?»

«Tu n'es plus seul(e) maintenant. Tu peux penser à d'autres personnes qui peuvent t'aider?»

En troisième lieu, l'intervention devra permettre de trouver avec l'adolescent des moyens de réduire rapidement sa souffrance et son niveau de stress. Les moyens seront réalistes et les démarches concrètes. On pourra en évaluer l'efficacité à court terme pendant que l'on élabore un plan d'action à moyen terme. Dans certains cas, l'adolescent croit que rien ne peut changer ou qu'il ne peut rien pour modifier une réalité qui le fait souffrir. L'intervention visera donc aussi à amener l'adolescent à sentir qu'il a un pouvoir sur ce qu'il vit et à lui confier la part de responsabilités qu'il est en mesure d'assumer au cours des démarches à faire. Il peut être indiqué, dans certains cas, de réunir toutes les personnes mêlées à une situation conflictuelle, d'aborder avec elles le sujet et de les faire participer à la recherche d'une solution susceptible d'atténuer le malaise de l'adolescent et de le soutenir tout au long de sa crise.

Enfin, il faut s'assurer du concours du réseau familial ou social du jeune. Il est possible de repérer un certain nombre de personnes (amis, parents, adultes qui sont importants pour le jeune) susceptibles de coopérer et d'appuyer la démarche du jeune. Un groupe de copains ou d'amis peut offrir un appui étonnant si son action est secondée par diverses entreprises (chaîne téléphonique, visites, activités communes) et supervisée par un intervenant qui verra à ce que l'aide naturelle ne s'épuise pas. En plus d'assurer un soutien pendant la crise, le réseau permettra au jeune de rétablir des liens et une communication avec son milieu.

Les différents programmes de prévention du suicide dans les milieux scolaires insistent sur le groupe de pairs. Ce groupe constitue le premier réseau de prévention et d'intervention, puisque les jeunes se connaissent entre eux et sont souvent témoins de certains signes ou verbalisations suicidaires d'un de leurs pairs. Plusieurs chercheurs du Québec (Tousignant *et al.*, 1986; Raymond *et al.*, 1989; Pronovost, 1990) ont signalé que les confidents privilégiés des jeunes sont leurs amis; viennent ensuite les partenaires amoureux, suivis des parents, plus spécifiquement la mère (Côté *et al.*, 1990).

Toutefois, les confidents ne réagissent pas toujours de manière adéquate. Toujours selon l'étude de Côté *et al.* (1990), 57 % des jeunes racontent que leurs confidents ont réagi négativement à leurs propos suicidaires, soit par la moquerie, l'incompréhension ou l'indifférence. Il importe alors que les jeunes sachent à quels adultes ils peuvent recourir pour parler et recevoir de l'aide.

La plupart du temps, les signes et les messages sont lancés mais souvent décodés trop tard. Il est primordial de pouvoir reconnaître et comprendre ces signaux; y faillir pourrait avoir des conséquences irréversibles.

INTERVENTION DE LA PART DES ADULTES ET DES PROFESSIONNELS

Le milieu scolaire demeure un environnement clé pour le dépistage du risque suicidaire chez un adolescent. Toute personne évoluant dans un établissement scolaire est apte à dépister les adolescents à risque et peut avoir une influence directe sur ces derniers. Il est donc important de sensibiliser et même de former le personnel enseignant et non enseignant dans le milieu scolaire afin qu'il soit en mesure de dépister les jeunes à risque et d'intervenir auprès d'eux.

Les comportements des adolescents sont une bonne source d'information pour évaluer le risque suicidaire. Entre autres, l'adolescent peut exprimer son désarroi et ses idées suicidaires par le biais de travaux scolaires tels que la poésie, les travaux écrits et le dessin. De plus, il est possible de reconnaître des signes précurseurs chez les adolescents. Ces signes se manifestent de façon comportementale, affective et verbale.

Signes spécifiques chez les jeunes (Piché et Séguin, 1997):

→ Absentéisme, retards

→ Manque de persévérance, de ténacité

→ Ressasse les événements pénibles du passé

→ Absence de but ou d'orientation future

→ Se plaint de fatigue

→ Conflits avec les ami(e)s

→ Conduites asociales, délinquance

→ Irritabilité, colère, agressivité ou absence d'affects

→ Sentiment de culpabilité, se dit incompris, rejeté

→ Pessimisme

→ Baisse du rendement scolaire

→ Changements fréquents d'écoles

→ Menace de laisser l'école

→ Anxiété face à la tâche ou à la performance

Cette liste permet de dépister les jeunes à risque; toutefois, l'élément clé consiste à vérifier auprès d'un adolescent tout comportement qui diffère de ses comportements habituels.

Lorsque l'on a repéré des facteurs de risque chez un adolescent, il est important d'intervenir. Dans un premier temps, on doit vérifier auprès de lui s'il a effectivement des idéations suicidaires (Pronovost, 1998). Si c'est bien le cas, il faut aborder directement la question du suicide avec lui et évaluer les difficultés qu'il éprouve. Ensuite, il est possible d'examiner avec l'adolescent les solutions possibles et d'élaborer un réseau de soutien. S'il n'est pas possible de désamorcer la crise, il est important de confier l'adolescent le plus vite possible à la personne-ressource appropriée. Par ailleurs, s'il y a un degré élevé d'urgence, il ne faut pas laisser le jeune seul assurer une présence et, plus important encore, sa sécurité.

L'intervention de crise en est une à court terme. Toutefois, une psychothérapie peut être bénéfique afin de soigner la vulnérabilité de l'adolescent, qui l'a mené à une crise suicidaire et qui, par conséquent, peut provoquer d'autres crises suicidaires. De façon générale, la psychothérapie individuelle est la thérapie de choix; cependant, la psychothérapie familiale est souvent la plus appropriée puisque les problèmes familiaux font partie de l'étiologie du suicide (Berman et Jobes, 1994).

Les adolescents ne vont pas souvent chercher de l'aide, surtout auprès des professionnels de la santé mentale (Berman et Jobes, 1994). Il est donc important d'effectuer un bon dépistage et d'approcher l'adolescent qui a besoin d'aide. Tout adulte qui fréquente des jeunes est en mesure de contribuer à diminuer chez eux le risque suicidaire en devenant un adulte bienveillant et protecteur à leur égard.

EN RÉSUMÉ

- Prendre au sérieux toute verbalisation directe ou indirecte, tout message ou signe qui nous permet de croire en la présence d'une crise de nature suicidaire.

- Intervenir auprès des adolescents qui ont des changements comportementaux.

- Le processus suicidaire des adolescents peut être très court. Il est donc important d'intervenir immédiatement.

- Le milieu scolaire a une influence directe sur les adolescents à risque suicidaire.

Références

American Psychiatric Association (1994). *Diagnostic and Statistical Manual of Mental Disorders* (4e éd.). Washington, DC.

Berman, A.L. et Jobes, D.A. (1994). Treatment of the Suicidal Adolescent. *Death Studies*, 18, 375-389.

Blumenthal, S. (1990). Youth Suicide: Risk Factors, Assessment, and Treatment of Adolescent and Young Adult Suicide Patients. *Psychiatric Clinics of North America*, 13, 511-556.

Brent, D.A., Perper, J.A., Moritz, G., Baugher, M., Roth, C., Balach, L. et Schweers, J. (1993). Stressful Life Events, Psychopathology, and Adolescent Suicide: A Case Control Study. *Suicide and Life-Threatening Behavior*, 23, 3, 179-187.

Brent, D.A., Perper, J.A., Godstein, C.E., Kolko, D.J., Alan, M.J., Allman, C.J. et Zelenak, J.P. (1988). Risk Factors for Adolescent Suicide: A Comparison of Adolescent Suicide Victims with Suicidal Inpatients. *Archives of General Psychiatry*, 45, 581-588.

Garnefski, N. et De Wilde E.J. (1998). Addiction-Risk Behaviours and Suicide Attempts in Adolescents. *Journal of Adolescence*, 21, 135-142.

Lester, D. (1993). *The Cruelest Death: The Enigma of Adolescent Suicide.* Philadelphia, PA: The Charles Press, Publishers, Inc.

Marttunen, M.J., Aro, H.M. et Lönnqvist, J.K. (1993). Precipitant stressors in adolescent suicide. *Journal of American Academy of Child and Adolescent Psychiatry*, 32, 6, 1178-1183.

Ministère de la Santé et des Services sociaux, Gouvernement du Québec (1998). *S'entraider pour la vie: Stratégie québécoise d'action face au suicide.* Québec, PQ: Bibliothèque nationale du Québec.

Negron, R., Piacentini, J., Flemming, G., Davies, M. et Shaffer, D. (1997). Microanalysis of Adolescent Suicide Attempters and Ideators during the Acute Suicidal Episode. *Journal of American Academy of Child and Adolescent Psychiatry*, 36, 11, 1512-1519.

Piché, T. et Séguin, M. (1997). *Réseau d'entraide et d'action face au suicide: Guide à l'usage des intervenants de l'Outaouais.* Hull: Centre 24/7.

Pronovost, J. (1998). Le suicide chez les jeunes: prévenir en misant sur les facteurs de protection. *Revue québécoise de psychologie*, 19, 2, 147-165.

Robbins, P.R. (1998). *Adolescent Suicide.* Jefferson, NC: McFarland.

Spirito, S., Williams, C., Stark, L.J. et Hart, K. (1988). The Hoplessness Scale for Children: Psychometric Properties and Clinical Utility with Normal and Emotionally Disturbed Adolescents. *Journal of Abnormal Children Psychology*, 16, 445-458.

The Suicide Information & Education Centre (SIEC) (1998). *National Strategies for the Prevention of Suicide in Canada.*

Chapitre 8

L'entourage de la personne suicidaire

Jusqu'à présent, nous avons traité des personnes qui vivent un problème suicidaire, mais elles ne sont pas les seules touchées par cette tragédie. En effet, les individus vivant avec ou auprès de ces dernières, c'est-à-dire la famille, les amis, les collègues, les enseignants et certaines autres, sont autant de gens touchés par la problématique du suicide. Ce chapitre traitera donc de cette réalité, c'est-à-dire de celle des individus qui font partie de l'entourage des suicidaires.

L'ENTOURAGE

Nous entendons par membre de l'entourage un individu ou un groupe de personnes en contact, de près ou de loin, avec une personne suicidaire. Par exemple, ces individus peuvent être les membres de la famille, un(e) conjoint(e), des amis, des collègues, des compagnons d'école, des professeurs ou même des voisins.

Il va sans dire que vivre avec une personne suicidaire peut se révéler épuisant. L'entourage est ainsi constamment préoccupé par la crainte du geste suicidaire que pourrait faire la personne aimée. Au cours des périodes de crise et de désorganisation du suicidaire, les membres de l'entourage sont souvent mis à rude épreuve. Ils doivent alors déployer beaucoup d'énergie pour écouter, soutenir et encourager la personne suicidaire, ce qui engendre l'essoufflement si cette situation perdure sur une longue période. En outre, les contacts et la communication ne sont pas toujours faciles à établir et il arrive fréquemment que l'entourage soit dépassé par la situation et éprouve une grande impuissance en plus d'un stress élevé.

Il est normal que l'entourage se sente quelquefois dépassé par la situation, ne sachant plus si son soutien est souhaité ou non par la personne suicidaire. Aussi, lorsque les signes de mieux-être tardent à se manifester, l'entourage peut se sentir démotivé, n'étant plus certain que l'aide et le soutien offerts soient profitables à la personne suicidaire. Il est donc important d'être en mesure de soutenir les membres de l'entourage dans cette entreprise d'aide.

L'intervention auprès des membres de l'entourage est primordiale, puisqu'il s'agit d'individus ayant un accès direct, familier, ainsi qu'un contact privilégié avec la personne suicidaire. Ils sont donc bien placés pour transmettre un sentiment d'espoir et d'importance à celle-ci. Effectivement, l'un des membres de l'entourage peut avoir l'intuition que quelque chose ne va pas chez un proche ou bien percevoir des signes ou des verbalisations suicidaires, mais se sentir démuni face à la probabilité d'avoir à aborder le sujet.

Lorsque nous intervenons auprès des membres de l'entourage d'une personne suicidaire, il est essentiel de respecter les éléments suivants:

- Offrir l'occasion de discuter des sentiments d'impuissance, d'inquiétude, etc.

- Évaluer si la personne de l'entourage qui souhaite aider le suicidaire est capable d'en soutenir une autre ou si elle est elle-même dans un processus de fragilisation.

- Vérifier si l'entourage est prêt ou encore disposé à aider la personne suicidaire et à y investir de l'énergie. À partir du moment où les membres de l'entourage veulent aider, il est important de leur offrir un soutien adapté.

- Encourager les membres de l'entourage à poursuivre leur soutien en fonction de leurs compétences et de leurs possibilités réelles.

- Juger du degré d'engagement et de mobilisation de l'entourage sans lui enlever toute responsabilité et en évitant qu'il se sente livré à lui-même, c'est-à-dire sans aide et sans soutien.

- Informer les membres de l'entourage des ressources disponibles, tant pour eux que pour la personne suicidaire.

- Aider les membres de l'entourage à établir un plan de résolution de problèmes et assurer la transmission des notions d'intervention de base. Il ne s'agit pas de transformer les membres de l'entourage en professionnels, mais de leur fournir les outils nécessaires pour poursuivre l'aide naturelle qu'ils offrent déjà à la personne suicidaire.

Durant leur intervention, les membres de l'entourage devront être encouragés à aborder directement les idéations suicidaires et à vérifier régulièrement auprès de la personne suicidaire si elle a décidé d'un scénario suicidaire clairement établi. Malgré la crainte de faire ou de dire des maladresses, l'entourage est souvent le mieux placé pour dire: «Je t'aime, je tiens à toi, parle-moi», et ainsi véhiculer l'espoir que la souffrance puisse être diminuée et les problèmes résolus.

Soulignons également qu'avant d'encourager un membre de l'entourage à intervenir auprès de la personne suicidaire il faut toujours s'assurer qu'elle n'est pas elle-même suicidaire ou préoccupée par le suicide. D'ailleurs, si le membre de l'entourage est aux prises avec des besoins similaires à ceux du proche suicidaire, il ne sera pas en état de lui procurer le soutien nécessaire. D'autre part, un membre de l'entourage peut vouloir aider la personne en difficulté mais se sentir incapable d'assumer le leadership de l'intervention. Il peut alors être très efficace pour joindre la personne suicidaire et l'amener à demander de l'aide auprès, par exemple, de professionnels.

Pour tout membre de l'entourage d'une personne suicidaire, il est important de:

- ne de pas s'isoler et de chercher rapidement de l'aide pour la personne suicidaire ainsi que pour soi-même, le cas échéant

- ne pas avoir peur du jugement des autres, de partager ses inquiétudes et ses sentiments d'impuissance, de mobiliser son réseau social et de ne pas rester en vase clos

- établir ses limites auprès de la personne suicidaire

- mobiliser les ressources existantes

- bâtir un plan d'action et de résolution de problèmes avec d'autres personnes (membres de la famille, amis, professionnels, etc.)

EN RÉSUMÉ

- L'intervention auprès des membres de l'entourage est primordiale, puisqu'ils ont déjà un contact privilégié et de première ligne avec la personne suicidaire.

- Il est important de partager le fardeau du soutien.

- Au cours d'interventions auprès d'une personne suicidaire, il importe de respecter ses propres limites.

Chapitre 9

Conséquences du suicide chez les proches

La perte d'un être cher est toujours difficile, mais elle fait néanmoins partie des expériences de la vie. Inévitablement, nous aurons tous à vivre la perte d'un être cher. La perte de quelqu'un qu'on aime, qu'on a aimé, qu'on aurait souhaité avoir mieux aimé se révèle difficile. La période de deuil est en fait le moment durant lequel l'individu fait, en quelque sorte, le sevrage de la relation qui l'unissait à la personne décédée. Par conséquent, lorsque l'on aimait profondément l'être cher décédé, cette période de sevrage ou de deuil sera nécessairement intense. On éprouve alors une sensation de vide et on procède aussi à plusieurs remises en question. Tout cela a comme conséquence de nous déstabiliser émotivement. Cette déstabilisation est normale, puisque le monde tel que nous le connaissions vient brusquement de se transformer; les relations d'attachement que nous avions tissées depuis longtemps viennent de nous être arrachées. Ce déséquilibre durera quelque temps avant que ne se réinstalle, graduellement, une habituation à cette nouvelle réalité.

LE DEUIL APRÈS UN SUICIDE

Selon le Groupe d'étude nationale sur le suicide au Canada (1987), entre 40 000 et 50 000 Canadiens par année sont en deuil à la suite d'un suicide. Ces endeuillés vivent des blessures profondes et intenses après le suicide d'un proche. Avant de décrire les caractéristiques qui sont spécifiques à ce type de deuil, nous allons exposer brièvement le déroulement habituel du processus de deuil.

Bien qu'il existe plusieurs modèles pour expliquer le processus de deuil, on s'entend généralement pour définir trois grandes étapes du travail de résolution de deuil, soit la protestation, la désorganisation et la réorganisation (Bowlby, 1961; Lamers, 1965; Lindemann, 1944; Silverman, 1976).

La première phase se nomme la «protestation». C'est une période qui se produit immédiatement après la nouvelle du décès. L'endeuillé peut avoir l'impression que tout ce qui se passe est irréel. De même, c'est pendant cette phase qu'émergent des réactions de choc, de déni, d'engourdissement, de protestation et de pleurs. L'ambiguïté des sentiments et l'incrédulité sont à leur paroxysme face au choix délibéré du suicide et au message parfois problématique laissé aux survivants (Cleveen et al., 1994). Au cours de cette période, l'individu en deuil est confronté à la perte de l'être aimé et à la perspective de vivre sans lui. À ce moment, la reconnaissance de la perte est plus cognitive qu'émotive. On peut savoir qu'une personne chère est décédée et en même temps avoir de la difficulté à l'accepter. On peut avoir l'impression que c'est un mauvais rêve, que lorsqu'on se réveillera ce ne sera pas vrai. Durant cette première phase, c'est donc le déni qui caractérise les réactions de deuil visant, en outre, à retarder l'échéance de la perte. Le déni se caractérise par un état de torpeur ou d'engourdissement émotif. Cette perte d'engagement affectif permet à l'endeuillé de se protéger contre les émotions qui sont alors envahissantes.

La deuxième phase du deuil s'amorce lorsque s'installe progressivement la réalisation du caractère permanent de la perte. Cette deuxième phase est celle de la «désorganisation». Durant cette période, l'endeuillé fait l'expérience de sentiments de colère, d'impuissance, de rage et d'anxiété. La douleur et le désespoir entraînent une période de dépression et de désorganisation de la personnalité. Cette période implique une étape de redéfinition de soi et de sa vie sans la présence de l'être aimé. Conséquemment, c'est une phase de renégociation des rapports avec autrui où l'on observe une plus grande vulnérabilité aux affections physiques dues au stress psychologique et au bouleversement émotionnel occasionnés par la prise de conscience de la permanence de la perte.

Enfin, suit la troisième phase, c'est-à-dire la période de «réorganisation». Dans cette phase, l'acceptation de la perte se fait peu à peu. L'endeuillé se réajuste à un environnement duquel le décédé est désormais absent et sent renaître graduellement l'intérêt de former de nouvelles relations. Cette dernière étape constitue l'aboutissement du processus de deuil. Cette restructuration de l'individu s'effectue à partir d'une modification de l'image de soi, permettant ainsi d'investir dans d'autres relations d'attachement. Ceci ne signifie pas que la douleur n'existe plus; elle est encore présente mais demeure, en règle générale, moins intense. Néanmoins, la douleur peut réapparaître par vagues, tantôt subitement, parfois à des moments ou des dates particuliers qui rappellent l'événement.

Certains auteurs considèrent que le deuil à la suite d'un suicide est différent des autres formes de perte parce qu'il comporte des réactions émotives plus intenses. Voyons comment se caractérisent les différentes étapes du deuil à la suite d'un suicide.

Les réactions de choc et de déni

Le décès par suicide crée un type de deuil des plus laborieux. Comme nous l'avons déjà constaté, les réactions de choc initial et de déni caractérisent la première phase du deuil. Dans le cas d'un deuil par suicide, le déni se distingue souvent par le refus d'accepter la nature de la perte. Les endeuillés doutent parfois de la véracité de la thèse du suicide. Ils révoquent l'idée du suicide en attribuant cette mort à un homicide camouflé, à un accident ou à toute autre cause. La manière même dont la personne est décédée semble difficile à accepter.

La douleur des endeuillés est d'autant plus grande que l'être aimé s'est donné la mort avant d'avoir eu la possibilité de vivre pleinement; ceci semble particulièrement cruel lorsque la victime est jeune. Bien que le suicide puisse être anticipé sur le plan cognitif par l'entourage, il n'en demeure pas moins que le choc émotionnel est grand et qu'il contribue à augmenter le degré de culpabilité. De plus, chez les endeuillés, cette culpabilité peut être engendrée par leurs propres reproches de ne pas avoir vu les signes avant-coureurs ou de ne pas leur avoir suffisamment porté attention. Ainsi, les reproches faits à soi-même et les sentiments d'autoaccusation sont souvent plus nombreux lors d'un deuil par suicide.

Le déni sert également de mécanisme de protection. Ce mécanisme peut prendre plusieurs formes. Afin de se protéger du sentiment de rejet, l'endeuillé peut idéaliser le suicide en le transformant en un geste noble ou idéologique, ou encore, pour minimiser le sentiment de perte, le suicidé sera déprécié.

La recherche d'un sens au suicide est souvent un long chemin tortueux, par lequel les endeuillés doivent passer. Tout d'abord, cette investigation de sens se traduit par la recherche d'un coupable ou d'une cause au décès. Le passé récent du suicidé sera analysé à maintes reprises, les endeuillés rechercheront un coupable (ex.: le conjoint, le médecin), un événement (une peine d'amour, etc.), une cause (drogue, alcool, prise de médicaments non adéquate, etc.), un problème spécifique (ex.: maladie, folie ou autre). Certains feront des «pèlerinages» sur les lieux du suicide, iront interroger des connaissances, des médiums, voire des diseurs de bonne aventure. La recherche d'un sens au geste suicidaire sera intense et se poursuivra jusqu'à ce que l'endeuillé ait attribué au suicide une explication satisfaisante. Cette recherche d'un sens est nécessaire, puisqu'elle permet aux endeuillés de se dégager du sentiment de culpabilité qu'ils s'attribuent bien souvent, ou alors de se défaire de la crainte qu'ils aient pu contribuer de quelque manière que ce soit au suicide de la personne aimée.

D'autre part, il semble que le refus ou l'inhabilité de parler ouvertement du décès par suicide peut figer le processus de résolution de deuil à l'intérieur de la phase de «protestation», cette dernière étant caractérisée par le choc et le déni.

Les sentiments de culpabilité et d'autoaccusation

Les diverses études effectuées auprès des endeuillés suggèrent qu'après une mort par suicide la culpabilité et l'autoaccusation que s'attribuent les endeuillés persistent longtemps. De plus, elles sont plus oppressantes que dans toute autre forme de deuil et elles entraînent chez les endeuillés une perception de soi modifiée.

La culpabilité amène les individus en deuil à reproduire en imagination des scénarios dans lesquels la réalité aurait pu être modifiée, tels que:

«Qu'est-ce que j'aurais pu faire que je n'ai pas fait?»

«Qu'est-ce que j'aurais pu dire que je n'ai pas dit?»

«Si certains gestes avaient été faits à temps, ceci aurait pu être évité.»

«Si certaines personnes avaient agi différemment, ce drame aurait pu être évité.»

Cette reconstitution d'événements persiste des mois et elle a pour effet d'augmenter la culpabilité et le sentiment d'échec de n'avoir pu apporter de l'aide à temps. Le sentiment de culpabilité est particulièrement intense lorsque le suicide apparaît dans un contexte de conflit interpersonnel entre l'individu décédé et la personne qui reste après le décès. La culpabilité amène l'endeuillé à s'interroger sur la relation antérieure qui l'unissait à la personne décédée, crée un sentiment de responsabilité dans la décision du suicide et entraîne un sentiment d'incompétence.

Les sentiments de honte et de colère

Puisque le suicide est un geste condamné socialement, ce sont souvent les endeuillés qui ont à assumer la honte après qu'un membre de leur famille se soit enlevé la vie. Souvent, par crainte du jugement social, plusieurs endeuillés choisissent de ne pas en parler à leur entourage. Cette situation risque d'altérer leurs relations sociales, puisque certaines personnes sont au courant du suicide, alors que d'autres ne le sont pas. Il n'est pas rare de rencontrer des endeuillés qui doivent constamment jouer un rôle auprès d'une partie de leur entourage ou dans leur milieu de travail, parce qu'ils ne veulent pas que les gens soient mis au courant. La honte, qu'elle soit exprimée ou non, provoque aussi une blessure profonde à l'image de soi, à ce qu'on avait souhaité devenir, et peut conduire, graduellement, à un état dépressif.

Ce sentiment de honte amène les endeuillés à s'éloigner de l'entourage, tout comme il rend l'entourage mal à l'aise envers les personnes qui vivent un deuil par suicide. Les endeuillés relèvent souvent une diminution de soutien émotif après le décès, ce qui s'expliquerait par le fait que le suicide éveille des réactions émotives et des réactions de détresse aiguës chez l'entourage et chez les aidants naturels. L'entourage de l'endeuillé étant tellement embarrassé réagit fréquemment, soit en évitant de parler du suicide, soit en évitant complètement l'endeuillé. Dans ces conditions, un contexte d'évitement, d'accusation et de blâme peut être engendré, ce qui a pour effet d'isoler davantage les endeuillés et de faire en sorte qu'ils ne savent plus à qui ils peuvent faire confiance. Par ailleurs, les endeuillés peuvent provoquer eux-mêmes le rejet et la stigmatisation, en ne percevant pas leur entourage comme une source d'aide et d'appui potentiels. Ils vont donc se refermer sur eux-mêmes et, conséquemment, se retrouver seuls et isolés dans leurs tentatives de donner un sens au geste suicidaire de l'être aimé.

L'expérience de la colère est aussi très intense, mais souvent camouflée. Les endeuillés se demandent constamment:

«Pourquoi m'a-t-il fait cela?»
«Pourquoi m'a-t-il laissé tomber?»
«Pourquoi ne m'a-t-il pas donné une chance de l'aider? J'aurais pu l'aider si seulement j'avais su.»

Cette colère est souvent difficile à exprimer, parce que l'expression de la colère à l'égard de la personne décédée augmente le sentiment de culpabilité.

Lindemann et Greer (1965) affirment qu'être en deuil d'une mort «autoimposée» est synonyme de rejet. Les endeuillés interprètent souvent ce rejet et cet abandon comme une indication de la valeur qu'ils devaient avoir aux yeux de la personne décédée. Ce sentiment d'abandon contribue à créer une blessure narcissique importante chez les endeuillés. Les sentiments de valeur personnelle et l'estime de soi seront alors durement ébranlés.

Les bris et distorsions dans les réseaux de communication

Shneidman affirmait qu'après un décès par suicide l'individu disparu transmet de façon tragique aux survivants tout le désespoir et toute l'angoisse qu'il vivait avant son suicide. Les personnes laissées derrière se débattent avec la nostalgie du passé, la frustration du présent et l'angoisse du futur. Cette angoisse est souvent écrasante et provoque non seulement un questionnement par rapport à la mort, mais aussi une réinterprétation des événements entourant le suicide qui peut durer de nombreuses années.

Lorsqu'un suicide se produit dans une famille, la disparition de l'individu rompt l'équilibre existant, crée un état d'insécurité chez les membres de la famille et entraîne couramment des bris ainsi que des distorsions dans les réseaux de communication. On constate, dans certaines familles, la mise sur pied d'un mouvement dont le but est de protéger certains membres de la famille considérés plus fragiles, comme les enfants. Un consensus implicite peut alors s'établir autour d'une description des circonstances entourant le décès afin de cacher la véritable cause de la mort. Entre autres, certains parents ne diront pas à leurs enfants que l'autre parent ou un grand-parent est mort à la suite d'un suicide, mais raconteront plutôt qu'il s'agissait d'une crise cardiaque.

Les non-dits et les tentatives de camouflage provoquent généralement des dissonances cognitives et/ou des mythes familiaux qui sont souvent plus dévastateurs que la reconnaissance, même difficile, du suicide. Par exemple, cette dissonance peut être occasionnée par le fait qu'une personne désire reconnaître cette réalité et l'exprimer ouvertement à l'entourage tandis que les autres persistent à la nier. Le fait de cacher la vérité aux enfants peut entraîner un doute par rapport à leur perception de la réalité, particulièrement lorsqu'ils ont des soupçons sur ce qu'on essaie de leur cacher. Les enfants peuvent alors croire que la personne s'est suicidée parce qu'ils n'ont pas été suffisamment aimables. De plus, le manque de communication engendré par ces secrets empêche les enfants d'exprimer leurs sentiments librement et ouvertement. En outre, cette distorsion dans les réseaux de communication rend difficile l'appui que les endeuillés pourraient recevoir de leur entourage.

Les sentiments de rejet et de stigmatisation

Plusieurs études ont évalué les réactions de la communauté envers les personnes en deuil après un suicide. Ainsi, du côté de la recherche sur les perceptions sociales, on confirme un effet de stigmatisation en regard au deuil par suicide (Calhoun *et al.*, 1980, 1984, 1986; Goldney *et al.*, 1987; Reynolds et Cimbolic, 1989; Rudestam, 1983, 1987). Ces recherches démontrent que les membres de la communauté ont davantage tendance à juger de façon négative et à accuser plus sévèrement les membres d'une famille qui ont perdu un des leurs par suicide qu'une famille ayant perdu un de ses membres à la suite d'une autre forme de décès. Or, la diminution du soutien affectif de la part de l'entourage pourrait s'expliquer, en partie, par le fait qu'une personne suicidée est souvent perçue comme quelqu'un ayant dû faire partie d'une famille psychologiquement troublée.

Selon Range et Thompson (1987), les interactions sociales avec les endeuillés à la suite d'un suicide rendent les membres de l'entourage mal à l'aise parce qu'ils ne savent pas comment réagir. Ainsi, ces interactions sont perçues par l'entourage comme étant plus stressantes que les interactions avec d'autres types d'endeuillés, renforçant ainsi la tendance générale d'évitement, d'accusation et de blâme qui isole les endeuillés et diminue malheureusement leurs sources de soutien potentiel. Pour leur part, Thornton *et al.* (1989) confirment la perception négative de la communauté envers les endeuillés à la suite du suicide et une moins grande présence de la part des amis dans la réalisation de ce deuil.

Le risque suicidaire

En plus des réactions physiques et psychologiques déjà discutées, la stigmatisation sociale inhérente au suicide crée un état de stress important chez les endeuillés. Ces réactions peuvent entraver la résolution efficace du travail de deuil et rendent ce groupe vulnérable et encore plus susceptible de reproduire un geste suicidaire. D'ailleurs, le suicide laisse des séquelles psychologiques importantes. La perte de l'être aimé peut conduire au suicide en déclenchant des symptômes dépressifs graves. Selon les observations de Rosenfeld et Purpas (1984), plusieurs personnes qui tentent de se suicider sont elles-mêmes des individus laissés derrière après qu'un être cher se soit donné la mort.

Le suicide offre aux endeuillés un modèle d'imitation, c'est-à-dire qu'il constitue une réponse ou une solution toute trouvée pour fuir les conflits et les problèmes que fait émerger ce deuil. Comme le souligne Fliegel (1971), l'endeuillé sait désormais que le suicide est une ouverture qui peut être envisagée pour fuir, réparer ou régler un problème de vie, notamment les problèmes que soulèvent toutes les interrogations et les insécurités d'un deuil après un suicide. Il arrive souvent qu'après un suicide un membre de la famille s'identifie au décédé, soit parce qu'il se sent semblable à ce dernier, soit parce que la famille lui répète qu'elle ressemble au suicidé. Cette identification peut renforcer chez la personne endeuillée une attitude de résignation qui consiste à croire qu'elle est destinée à mourir par suicide. Il est également possible que l'identification provoque en elle une peur face à ses propres impulsions suicidaires. Dans le cas où il y a eu un ou plusieurs suicides dans une famille, il peut en résulter beaucoup d'anxiété pour les survivants concernant une éventuelle transmission génétique des tendances suicidaires. Cette croyance demeure évidemment un mythe, mais un mythe dévastateur pour ces endeuillés.

La résolution du deuil

Les endeuillés auront à mettre à contribution toute leur énergie pour accepter qu'un suicide s'est produit dans leur vie et admettre qu'ils auront à vivre avec cette réalité le reste de leur existence. Ils auront aussi à vivre avec la connaissance que l'être qu'ils aimaient souffrait au point de se suicider et qu'ils n'ont pu l'aider. Par conséquent, plusieurs endeuillés, particulièrement les parents, auront à vivre avec un sentiment d'échec, celui de ne pas avoir pu protéger entièrement leur enfant de la douleur et de la souffrance qui devaient l'accabler.

Il semble que le nombre de difficultés éprouvées par les endeuillés afin de s'adapter à des nouveaux modèles de comportement soit considérable. Une faible estime de soi, la peur d'être jugé socialement et le sentiment d'incompétence sont des caractéristiques qui, liées à une insécurité à réinvestir dans de nouvelles relations affectives, provoquent chez les endeuillés une période de remise en question profonde de soi et de la vie en général. Les endeuillés auront à acquérir de nouvelles habiletés cognitives pour se redéfinir dans de nouveaux rôles.

Il n'existe pas une façon classique ou correcte de vivre le processus de deuil; il existe tout autant de manières de vivre le deuil que d'individus en deuil. Le processus de deuil est un processus dynamique; il ne s'agit pas d'un cheminement dont l'ordre et la séquence sont linéaires. Au contraire, de nombreux va-et-vient entre les différentes phases du deuil sont à prévoir. La période de résolution peut s'étendre sur quelques années. Il est donc inutile de croire que tout sera terminé ou de retour à la normale après quelques semaines ou moins.

Il est important de souligner ici que la définition d'une personne endeuillée ne doit pas être restrictive. En effet, tout individu ayant eu un lien valable avec une personne suicidée et qui ressent les effets de cette perte peut être profondément bouleversé par la mort de l'ami, du compagnon, de la compagne de classe, ou d'une ancienne connaissance. Il importe donc, dans un tel contexte, de vérifier l'impact que peut avoir un suicide dans une école, dans une institution, ou même l'impact que peut avoir un suicide publicisé dans les médias.

L'ÉTUDE DU DEUIL À LA SUITE D'UN SUICIDE

Le deuil en général a été étudié soit d'après un modèle de transition, soit d'après un modèle de crise, ou encore selon un modèle posttraumatique. Ces différents modèles ont en commun de s'intéresser au deuil à partir du moment du décès, ce qui en général a bien du sens. Ce que nous aimerions proposer à présent, c'est une perception à la fois différente et élargie du deuil, qui aura par conséquent un impact sur les activités de postvention (qui signifie les activités de counseling postsuicide). Nous croyons que le processus de deuil ne se déroulera pas uniquement en fonction de ce qui se produit à partir du décès, mais en fonction de *qui vit quel type de deuil, à quel moment de sa vie.* Ceci est aussi vrai pour les personnes qui vivent un deuil à la suite d'un suicide.

Nous sommes persuadés que la trajectoire de vie de quelqu'un influencera grandement ses réactions au deuil. Nous croyons que ce qui se passe avant le deuil, même bien avant ce dernier, est tout aussi important pour anticiper l'issue du processus de deuil que ce qui se produit après le décès. Il importe de prendre en considération la trajectoire de vie d'une personne afin de bien comprendre *qui* vit le deuil. Ce deuil arrive à *quel* moment dans la trajectoire de vie de cet individu, et de quelle manière se présente-t-il?

UN MODÈLE ÉLARGI DU DEUIL

Cette conception du deuil repose sur la reconnaissance de l'importance du rôle de la résilience dans le déroulement du processus de deuil, la résilience étant la capacité de l'individu à réagir d'une façon personnelle devant l'adversité.

Le deuil ne se produit jamais sur un terrain vierge. Cet événement s'ajoute à toutes les pertes antérieures, qu'elles soient nombreuses ou non. Pour cette raison, plus l'individu aura vécu de séparations durant l'enfance, plus il aura subi de blessures dues à l'abandon, au rejet, à la négligence, aux abus physiques et aux malchances de la vie, plus ces expériences d'adversité pourront entraîner un sentiment d'impuissance à surmonter une nouvelle perte. En d'autres termes, l'addition de ses expériences de vie affligeantes pourra avoir affaibli sa résilience. La résolution du deuil s'avérera alors d'autant plus difficile.

La vision du processus du deuil doit donc être élargie afin de tenir compte des interactions complexes entre toutes ces dimensions, c'est-à-dire *qui vit quel type de deuil et à quel moment de sa vie*. Un cadre élargi du deuil qui permettrait d'entrevoir ce processus selon un modèle de résilience offrirait une vision plus adéquate de cette réalité complexe. En effet, toutes ces dimensions sont en mouvement et elles se conjuguent à un moment de la vie d'une personne pour influencer la manière dont elle s'adaptera au deuil. Dans cette perspective, les événements qui se sont produits avant le décès sont tout aussi importants dans la détermination de la capacité d'un individu à résoudre le deuil que les événements qui se produisent après le décès.

EN RÉSUMÉ

- Accompagner les endeuillés à travers les étapes du deuil.

- L'idée même du suicide est difficile à accepter pour l'entourage en deuil et la recherche d'un sens à cet événement tragique se traduit souvent par un processus laborieux et poignant.

- Plusieurs réactions émotives intenses surviennent à la suite du suicide d'un proche: choc, déni, culpabilité, autoaccusation, honte, colère, sentiment de rejet.

- Sur le plan social, ce type de deuil engendre certaines difficultés: bris et distorsion dans les réseaux de communication et stigmatisation sociale.

- La reproduction du geste suicidaire est une option qui peut être envisagée par certains membres de l'entourage en raison de leur état de vulnérabilité, d'une identification à la personne suicidée, des événements spécifiques à leur trajectoire de vie, etc.

Références

Bowlby, J. (1961). *Attachment and Loss*, vol. 1, Basic Book: New York.

Calhoun, L.G., Selby, J.W et Jack, M. (1980). Mass Suicide: A Rote on Popular Conceptions of Suicidal Behavior. *Journal of Communauty Psychology*, 18, 366-369.

Calhoun, L.G., Selby, J.W. et Faulstich, M.F. (1980). Reactions of Parents to the Child Suicide: A Study of Social Impressions. *Journal of Counsulting and Clinical Psychology*, 48, 535-536.

Calhoun, L.G., Selby, J.W. et Walton Peggy, B. (1985-1986). Suicidal Death of a Spouse: The Social Perception of the Survivor. *Omega: Journal of Death and Dying*, 16, 283-288.

Cleiren, M., Diestra, R., Kerkhof, A. et Van Der Wal, J. (1994). Mode of Death and Kinship in Bereavement: Focusing on «Who» Rather than «How». *Crisis*, 15, 22-36.

Fliegel, J.F. (1971). Bereavement a Cause of Suicide. *In* Danto, B.L., *Suicide and Bereavement*, New York: Association Press. 32-38.

Goldney, R.P., Spense, N.P. et Moffit, P.F. (1987). The Aftermath of Suicide: Attitudes of those Bereaved by Suicide of

Social Workers and of a Community Sample. *Journal of Community Psychology, 15,* 141-148.

Lamers, W. (1965). *Death, Grief, Mourning, the Funeral and the Child.* Presentation given at the 84th Annual Convention of the National Funeral Directors Association. Chicago.

Lindemann, E. (1944). Symptomatology and Management of Acute Grief. *American Journal of Psychiatry,* 101, 141-148.

Reynolds, F. et Cimbolic, P. (1988-1989). Attitudes Toward Suicide Survivors as a Function of Survivor's Relationship to the Victim. *Omega: Journal of Death and Dying,* 19, 125-133.

Rosenblatt, P. (1988). Grief: The Social Context of Private Feeling, *Journal of Social Issues,* 44, 67-78.

Rudestam, K.E. et Imbrolli, D. (1983). Societal Reactions to a Child's Death by Suicide. *Journal of Counsulting and Clinical Psychology,* 5, 461-462.

Rudestam, K.E. et Agnelli, D. (1987). The Effect of Content of Suicide Notes on Grief Reactions. *Journal of Clinical Psychology,* 43, 211-218.

Silverman, P.R. et Worden, J.W. (1992). Children's Understanding of Funeral Ritual. *Omega,* vol. 25, n° 4, p. 319-331.

Thornton, G., Whittemore, K.D. et Robertson, D.U. (1989). Evaluation of People Bereaved by Suicide. *Death Studies,* 13, 119-126.

Chapitre 10

Les activités de counseling auprès des endeuillés

L'INTERVENTION AUPRÈS DES ENDEUILLÉS

L'intervention auprès des personnes endeuillées diffère de l'intervention habituelle en situation de crise. Il ne s'agit pas ici de trouver une solution au problème ou d'en arriver à une diminution de la tension à court terme. Il s'agit plutôt de soutenir l'endeuillé, de lui permettre d'exprimer sa tristesse de même que tous ses sentiments liés au vide laissé par la personne disparue, et de le soutenir dans la verbalisation de son vécu actuel. Plusieurs auteurs suggèrent que les gens qui ont exprimé leur peine et leur souffrance ont moins de symptômes physiques et psychologiques une année après le décès que les individus qui ont ruminé leur peine.

Les endeuillés ont donc besoin d'avoir des témoins à leur douleur et d'un appui pour accepter la réalité ou pour s'adapter à leur nouvelle vie. Une écoute acceptante permettra à la personne endeuillée d'acquérir la certitude que la douleur diminuera avec le temps et qu'elle retrouvera un certain équilibre. Il importe d'encourager l'endeuillé à prendre soin de lui, à élaborer et reformuler graduellement ses valeurs ainsi qu'à évoluer vers une nouvelle perception de soi et de ses rapports aux autres.

L'intervention doit permettre aux endeuillés:

a) d'exprimer leurs émotions

Les sentiments de culpabilité et l'autoaccusation sont facilement nommés, par contre la colère, la honte et l'abandon sont plus difficiles à aborder. Il faut être patient et attendre que les endeuillés soient prêts à aborder certains aspects plus difficiles de la relation qui les unissait à la personne décédée, tels que l'ambivalence relationnelle (amour-haine), les affaires non finies (la perte des rêves), les regrets, ainsi que les pertes secondaires liées au décès (pertes financières, perte d'un confident, etc.). Au cours de l'intervention, on peut commencer par:

- aborder les événements entourant le décès;

- discuter de la relation que l'endeuillé entretenait avec la personne décédée;

- favoriser l'expression des émotions et des sentiments que l'endeuillé éprouve;

- vérifier la qualité et l'étendue du réseau de soutien social;

- vérifier la qualité du climat familial;

- évaluer si la personne endeuillée est elle-même suicidaire.

b) de développer de nouvelles stratégies d'adaptation

L'aide offerte à l'endeuillé doit lui permettre d'éviter la fuite et de confronter sa peine. Il arrive souvent que les endeuillés affirment qu'il vaut mieux ne pas en parler, parce que cela ranime la douleur et leur fait mal. Effectivement, le fait de discuter de la peine soulève des émotions telles que la solitude, la tristesse et la souffrance. Toutefois, l'expression des émotions n'est pas nécessairement la meilleure stratégie pour tous les individus. Il importe cependant d'aider les endeuillés à ne pas éviter ou à ne pas fuir leur souffrance. Les nouvelles stratégies d'adaptation acquises permettront à l'endeuillé de mieux s'accommoder à l'environnement duquel le décédé est désormais absent. D'après Balk (1996), l'intervention entreprise doit permettre à l'endeuillé:

• d'établir une signification et une compréhension personnelle de l'événement;

• de confronter la réalité et d'accepter cette perte;

• de recourir à ses relations interpersonnelles comme source de soutien,

• de maintenir un certain équilibre émotionnel;

• de préserver une image de soi satisfaisante.

Les cliniciens constatent depuis déjà longtemps que la manière de réagir au deuil peut être différente selon que l'endeuillé est un homme ou une femme. Les femmes ont tendance à utiliser des stratégies centrées davantage sur les émotions, par exemple parler de leur peine, alors que les hommes ont tendance à utiliser des stratégies davantage actives, par exemple s'engager un peu plus au travail. Généralement, ils investissent dans leur travail, non pas pour fuir leur peine, mais pour se concentrer sur autre chose jusqu'à ce que la douleur diminue.

c) de briser l'isolement social

Nous avons déjà discuté de la stigmatisation qui peut entourer le deuil après un suicide. Pour plusieurs auteurs, le soutien social au moment du deuil sera une variable importante en regard de la résolution efficace du processus de deuil. L'intervention doit encourager l'endeuillé à:

- s'investir graduellement dans de nouvelles relations;
- prendre conscience de l'isolement lié à la peur et à la crainte du jugement social;
- percevoir son entourage comme une source potentielle de soutien.

Mentionnons que la création de nouvelles relations ne doit pas représenter une simple substitution de la relation antérieure. Dans les premières étapes du deuil, l'endeuillé peut recourir à des personnes qui comblent les besoins auxquels le défunt pourvoyait. Graduellement, l'endeuillé doit passer outre ce type de relation transitoire et le substituer par de nouvelles relations d'attachement sincères.

d) de dénouer le lien d'attachement

Les liens d'attachement qui unissent les individus sont profonds et puissants et ce, dans la mort comme dans la vie. L'un des objectifs du travail de deuil est de défaire les liens qui unissaient l'endeuillé à la personne décédée, sans pour autant oublier l'importance que cette personne conserve dans la vie de l'endeuillé. La nécessité de défaire certains des liens entre l'endeuillé et la personne décédée réside dans le fait que l'endeuillé ne doit pas être gouverné par les liens qui l'unissaient à la personne qui n'est plus, afin qu'il puisse vivre et créer un futur avec les vivants. L'endeuillé doit finir par accepter l'absence de relation avec le défunt et réorienter son énergie en fonction de l'avenir. Dans ces conditions, la réussite du travail de deuil se situera davantage dans l'internalisation des liens, qui ira enrichir les personnalités et les vies.

Dans le cas où le deuil serait plus difficile, comme dans le cas de deuils multiples, certaines personnes sont plus démunies que d'autres pour faire face au deuil, soit à cause de caractéristiques individuelles, d'une plus grande vulnérabilité personnelle, ou encore à cause de la pauvreté de leur réseau social. Soulignons que plusieurs centres de prévention du suicide ont des programmes pour les endeuillés par suicide. Il est possible de diriger les endeuillés vers ces organismes. D'autre part, voici certaines caractéristiques de l'aide à apporter.

Les premières occasions de faciliter la guérison

Déjà, au moment de l'annonce du décès et au cours des journées suivant celui-ci, les possibilités d'intervenir pour faciliter le deuil sont nombreuses. Du moment où cela est possible, l'une d'elles consiste à mettre en place les conditions permettant de dire au revoir à la personne avant sa mise en terre. En elle-même, cette expérience est extrêmement triste, mais elle peut se révéler très bénéfique quand elle est offerte à l'endeuillé. Lorsque cette rencontre se réalise dans un contexte de soutien et de réconfort, l'endeuillé garde le souvenir chaleureux d'un partage d'intimité et de proximité avec la personne décédée, ce qui peut être très réconfortant dans les moments d'ennui et de peine qui viendront inévitablement.

Par ailleurs, dans d'autres circonstances, certains endeuillés ne peuvent pas voir ou identifier le corps de la personne décédée. C'est ce qui se produit quelquefois à la suite du décès par suicide, soit à cause de problèmes juridiques, soit parce que le corps n'a pas été retrouvé. Cela peut augmenter le sentiment d'irréalité devant la perte et prolonger la période de déni, créant ainsi une situation dans laquelle l'acceptation du décès deviendra laborieuse.

De plus, les rituels entourant le décès, qu'ils soient formels ou informels, peuvent représenter des éléments déterminants dans la réalisation du deuil. Par exemple, comment la nouvelle du décès est-elle transmise à l'endeuillé? Comment l'entourage valide-t-il l'expression de la souffrance de l'endeuillé? Jusqu'à quel point les rites funéraires sont-ils en accord avec les besoins de l'endeuillé?

Tous ces événements peuvent être en harmonie avec les besoins et les attentes des personnes endeuillées. Ces occasions peuvent favoriser, dans un contexte de soutien offert par l'entourage, un esprit de détachement qui permet de dire une dernière fois «au revoir», tout en suscitant un climat d'acceptation de la peine et de la souffrance des endeuillés. Toutefois, ces événements peuvent également être perçus négativement par l'endeuillé et alors compliquer le processus d'adaptation qu'est le deuil.

L'influence des circonstances du décès

On sait à quel point la stigmatisation qui accompagne le deuil à la suite du suicide peut être grande. Dans une étude réalisée au Centre de recherche Fernand-Seguin (1996), 30 parents qui ont récemment perdu un fils à la suite d'un suicide et 30 autres parents qui ont perdu un fils dans un accident d'automobile ont été interrogés. De façon large, les parents du groupe des enfants suicidés ont mentionné un sentiment de honte, alors que ce sentiment n'était pas partagé par les parents qui ont perdu un enfant dans un accident de la route. Cette étude nous amène à considérer la honte comme une interface entre une émotion personnelle de douleur et une réaction face aux attentes sociales. La honte est un sentiment personnel qui prend forme devant les regards d'autrui, sous le jugement social.

Les commentaires des participants de cette étude lorsqu'ils ont été interrogés au sujet de l'impact du suicide sur la réaction de leur entourage, sont éloquents. Nous vous faisons part de certains d'entre eux:

- Une dame affirme: «Dans le quartier, les gens s'éloignent de moi».

- Une autre: «Les gens sont mal à l'aise, ils ne savent plus s'il doivent me parler».

- Un père fait la remarque suivante: «Les gens ne savent pas comment m'aborder».

- Enfin, une autre mère mentionne: «On n'a plus de nouvelles de nos voisins depuis le suicide».

La recherche de soutien

Lorsque la recherche de soutien s'épuise, certains endeuillés choisissent de se tourner vers une ressource en mesure de les aider à cheminer dans leur deuil. Soulignons que différentes formes d'aide leur sont ainsi offertes. Certains endeuillés choisissent de consulter un professionnel de la santé mentale, alors que d'autres préfèrent participer à un groupe d'entraide, ou encore tentent, une fois de plus, d'aller chercher du réconfort au sein de leurs familles ou de leurs amis. Les endeuillés retiennent habituellement l'aide en fonction de la disponibilité des ressources et de leurs possibilités financières. D'autre part, certains opteront pour ne jamais consulter qui que ce soit parce qu'ils veulent se prouver à eux-mêmes qu'ils peuvent s'en sortir seuls. Plusieurs réussiront, mais certains souffriront vraisemblablement plus longtemps qu'un autre qui a consulté.

L'aide individuelle au cours du travail de deuil

On doit favoriser la création d'un contexte dans lequel l'endeuillé pourra exprimer tous les sentiments, toutes les émotions difficiles, sans craindre d'être jugé ou ridiculisé. Le soutien au travail de deuil ne consiste pas à minimiser ou à rationaliser la perte. Au contraire, il s'agit d'aider à la verbalisation des vécus actuels, c'est-à-dire d'aider l'endeuillé à mettre des mots sur ce qu'est sa vie habitée par la perte.

Le travail de deuil doit permettre à l'endeuillé d'exprimer, de décrire, d'évoquer les vécus antérieurs par rapport à la personne décédée, par exemple la relation qu'il entretenait avec elle et les conflits qui pouvaient exister. Dans toute relation humaine, il se produit, à certains moments, des conflits avec les personnes qui nous sont chères. Ces conflits sont normaux et leur gestion est une source d'équilibre entre l'individualité et la vie sociale. Malgré que ces conflits ne soient pas nécessairement graves en eux-mêmes, ils peuvent prendre une certaine ampleur après le décès, puisqu'ils ne peuvent plus être discutés et réglés avec la personne concernée. C'est avec l'intervenant professionnel que ces conflits seront rediscutés et que l'endeuillé pourra en arriver à une résolution positive.

L'établissement d'une relation de confiance entre l'intervenant et la personne endeuillée ou avec la famille endeuillée est primordial, puisque la personne en deuil peut à tout moment vouloir arrêter l'expression des émotions qui provoquent en elle tant de souffrances. Toutefois, chez la personne en deuil, le besoin de partager sa douleur avec quelqu'un qui la comprend prend habituellement le dessus sur le désir de réprimer ses sentiments. S'il peut s'établir un lien de confiance entre l'endeuillé et l'intervenant, le travail de deuil se fera plus facilement et l'endeuillé acceptera également plus aisément la voie que l'intervenant lui propose.

Les émotions évoquées lorsqu'on aborde les souvenirs de la personne suicidée sont parfois doux, parfois remplis de colère et souvent contradictoires. On assiste régulièrement à l'expression parallèle de tendresse, de colère, de ressentiment, de frustration, de tristesse, de souvenirs gais et drôles. Cela permet à l'endeuillé de mettre des mots sur ce qu'il vit, de clarifier ce qui lui arrive, de nommer ce qu'il aurait souhaité ne jamais avoir dit à la personne décédée et ce qu'il souhaiterait avoir eu le temps de lui dire mais qu'il n'a jamais dit.

L'éventail des émotions qui sont ressenties par l'endeuillé est très large et un peu confus. Étrangement, des émotions antagonistes peuvent être présentes simultanément. L'anxiété due à la séparation, le sentiment d'impuissance et d'injustice, de même que des éléments de protestation peuvent apparaître très tôt après le décès. Suivront, de près ou de loin, la peine, le désespoir, la colère, la culpabilité, les regrets ou, au contraire, le soulagement. Toutes ces émotions sont intenses. Elles peuvent d'ailleurs surprendre l'endeuillé par leur intensité et leur force au moment où il ne s'y attend pas, augmentant ainsi son degré de confusion et de découragement.

S'il y a un manque de réactions émotionnelles, une inhibition sélective ou encore une absence de réaction de deuil, une investigation permettra à l'intervenant de mieux juger de quelle manière il serait plus judicieux de venir en aide à cette personne. Dans de tels cas, la dynamique de l'endeuillé doit être prise en considération.

Bien qu'il soit généralement accepté que l'expression des émotions favorise la résolution du deuil, il est clair que cette expression ne doit et ne peut être forcée si l'endeuillé y est réfractaire ou n'y est pas prêt. Le manque d'expression des émotions à l'occasion du deuil ne conduit pas inévitablement à une issue négative, du moins chez certains individus. Il existe une diversité importante dans l'appréciation du soutien que procure l'expression des émotions. De même, la fréquence des moments d'expression des émotions peut être différente d'un individu à un autre. Par exemple, une personne peut mieux bénéficier d'un seul échange avec une personne, à un moment précis, que de contacts soutenus et fréquents avec quelqu'un d'autre.

Un étudiant qui perd un proche en période d'examens finaux, peut avoir besoin de «mettre le deuil sur la glace» quelques semaines. Une telle attitude n'est pas le présage d'un deuil complexe. Cependant, l'absence de réactions de deuil ou la présence d'un déni prolongé est une indication de blocages qui doivent être explorés dans la relation thérapeutique. Le travail de consultation permet d'explorer les blocages et doit soutenir l'endeuillé ainsi que l'encourager à exprimer de façon normale et naturelle les émotions liées au deuil. De plus, il est important de reconnaître le vaste éventail de réponses personnelles et culturelles associées au deuil. Les réponses de deuil peuvent être inhibées chez l'endeuillé qui fait face à une situation dans laquelle les réactions émotionnelles sont associées à la survie à des blessures, à des menaces à la vie, etc. L'inverse peut aussi se produire; par exemple, dans certaines cultures, il peut y avoir des règles strictes quant aux réactions émotionnelles à manifester à la suite du décès d'un proche. Or, l'expression des émotions peut ne pas convenir à une personne qui a toujours réprimé ses sentiments. Il faut donc respecter les styles personnels ainsi que tous les aspects culturels et reconnaître qu'il y a bien des façons de vivre le deuil et d'exprimer ses émotions face à cette perte.

Ce travail de deuil, fait essentiellement de mise en mots, aide au travail d'intériorisation en permettant à l'endeuillé d'être validé dans sa propre souffrance, dans ses propres regrets, dans son droit de faire et de vivre le deuil à sa façon. Ceci permettra éventuellement que s'expriment d'autres pertes auxquelles ce deuil renvoie et d'autres interrogations qu'il vient soulever. Enfin, il s'agit aussi, au bout de ce processus, mais non prématurément, de favoriser d'autres modes de réinvestissement auprès de nouvelles personnes.

Le soutien aux personnes endeuillées

Le soutien à la suite du deuil peut être offert de façon temporaire, intermittente, ou de façon continue sur une longue période. Le soutien peut aussi avoir lieu à des moments critiques, comme les périodes d'anniversaire, et ceci plusieurs années après le décès.

À certains moments du processus de deuil, l'endeuillé pourra se sentir découragé, il pourra sentir qu'il n'avance plus et il aura peut-être l'impression de chuter. Le processus de deuil est dynamique et de tels va-et-vient sont habituels. L'intervenant doit rassurer l'endeuillé sur ses réactions: quoique éprouvantes, elles suivent une progression normale. Il peut aussi le tranquilliser quant au temps que prend chaque individu pour parcourir les diverses étapes du deuil.

Le matériel qui sera abordé au cours des rencontres de consultation évolue graduellement en fonction des différentes étapes du deuil. De nouveaux thèmes feront surface ici et là, et des thèmes absents depuis plusieurs semaines reviendront en force à certains moments. Imaginons le cas d'une veuve pendant son cheminement en consultation. Il est possible qu'au début du deuil les thèmes de peine, de tristesse, d'abandon, de regrets occupent le premier plan du tableau clinique. Néanmoins, au fur et à mesure que le deuil avancera, d'autres thèmes seront abordés tels que l'ennui, la vie sans la présence de l'autre, l'adaptation à de nouveaux rôles, etc. Plus tard, des thèmes comme la négociation de nouveaux rapports amoureux et sexuels avec un autre partenaire, la crainte de l'intimité et les sentiments de tromper son mari décédé pourront définir le tableau clinique.

Aider une personne dans son deuil, ce n'est ni atténuer ni minimiser ses souffrances; c'est l'aider à les ressentir, à les accepter et à en faire un processus de maturation personnelle. Toute perte d'un être cher créera un moment d'angoisse terrible et la manière dont la réalisation du deuil se fera en dira long sur les vulnérabilités personnelles.

Les intervenants doivent se garder d'idéaliser cette période. Il leur faut savoir que, pour certains endeuillés, le deuil ne sera pas du tout une période de croissance et d'élargissement, qu'il constituera plutôt une expérience d'appauvrissement d'eux-mêmes, ou encore une expérience écrasante évacuée ou mise à distance. Le suicide d'un proche enfoncera davantage certaines personnes dans des attitudes destructrices, dans le rejet des autres et d'elles-mêmes. Aider à l'occasion du travail de deuil consiste aussi à être témoin empathique de toutes ces façons de vivre le deuil.

DEUIL CHEZ LES INTERVENANTS

Nous abordons maintenant le deuil chez l'intervenant sous deux angles assez différents mais quelquefois complémentaires. Les intervenants de tous les milieux sont susceptibles d'être confrontés au suicide d'une personne avec laquelle ils étaient liés par leur travail ou par leurs responsabilités professionnelles. Il se peut, malheureusement, qu'un suicide se produise dans leur milieu et qu'ils soient alors confrontés eux-mêmes au processus de deuil.

D'une part, à travers la recherche d'un sens au suicide, les proches endeuillés tenteront de trouver des explications au geste suicidaire. Au début de ce processus, il arrive fréquemment que ces explications prennent la forme de la recherche d'un coupable. Il est possible que les personnes endeuillées pointent du doigt certains intervenants comme étant en partie responsables du suicide de l'être aimé. En effet, en raison de leur rôle professionnel, les intervenants peuvent devenir des cibles sur qui sont projetés ou transférés des sentiments de responsabilité face au suicide d'un client. L'entourage désemparé peut soutenir que les intervenants ont une responsabilité dans le suicide de l'être cher. Il importe de savoir que ces moments, pénibles pour l'intervenant, s'inscrivent dans la recherche de sens au geste suicidaire, qui dépasse et afflige les familles endeuillées.

D'autre part, le second motif qui nous amène à parler du phénomène de deuil chez les intervenants est le suivant: le suicide provoque souvent chez eux un sentiment d'incompétence et d'inutilité. Lorsqu'il y a un suicide parmi leur clientèle, les professionnels remettent en question leurs interventions et parfois le sens même de leur action. Ils sont ébranlés dans leur sentiment de compétence professionnelle et craignent pour la vie de leurs autres clients. Il n'est pas rare de voir les intervenants exprimer leur insécurité par des phrases comme celles-ci:

«Comment se fait-il que je ne m'en suis pas aperçu?»
«Si je n'ai pas pu empêcher le suicide de Paul, comment vais-je pouvoir en empêcher d'autres?»

La perte d'un patient ou d'un élève par suicide confronte les intervenants à un sentiment d'impuissance et peut provoquer des blessures psychologiques et émotives majeures. De plus, le suicide d'un jeune peut réactiver chez l'intervenant des deuils passés.

Il importe dans de telles circonstances que l'intervenant endeuillé ne s'isole pas et ne demeure pas seul avec toutes les questions qui inévitablement lui viendront à l'esprit. Il lui est primordial de trouver quelqu'un avec qui discuter et exprimer ses émotions ainsi que ses sentiments. Les intervenants endeuillés font aussi face au processus de deuil. Il est semblable à celui décrit plus tôt, bien que certaines émotions ne soient pas nécessairement aussi intenses.

C'est souvent par l'expression des émotions que se fera une résolution efficace du processus de deuil. Ce dialogue permettra à l'intervenant de confronter la réalité de la perte et de mettre de l'ordre dans les émotions que suscite en lui ce malheur. Les sentiments d'engagement, de culpabilité et d'incompétence doivent être discutés à fond avant que l'on soit en mesure de les nommer clairement et de départager quelle part de ces émotions est justifiée et quelle autre part ne l'est pas.

Il est nécessaire de souligner ici à quel point il est important d'aborder toute problématique suicidaire en équipe ou avec un réseau d'aide. Il est alors plus facile de partager de telles émotions avec des gens qui ont vécu la même perte et qui peuvent mutuellement s'aider à cheminer dans un processus de deuil.

LES DIFFÉRENTS TYPES D'AIDE

Différents types d'aide peuvent être envisagés, autres que celui associé à la thérapie individuelle. Nous traiterons maintenant des possibilités d'interventions sociales.

Le parrainage, les groupes d'entraide et les groupes de soutien

Depuis plusieurs années, des interventions fondées sur la mobilisation du soutien social ou la création de nouveaux réseaux de soutien informels se sont développées pour venir en aide aux endeuillés. La composition de ces groupes d'entraide et de soutien est variée et il arrive aussi qu'ils poursuivent des objectifs différents. On observe trois grands types d'approches: le parrainage, les groupes d'aide mutuelle ou groupes d'entraide, et enfin les groupes de soutien.

Le parrainage, les groupes d'entraide et les groupes de soutien visent essentiellement à offrir aux endeuillés un lieu, un espace et un moment où il leur est permis d'exprimer leur peine librement, sans crainte d'être jugés, et d'avoir des témoins à leur souffrance. Par la présence des autres, selon un phénomène de comparaison sociale, les endeuillés ont la possibilité de valider leurs émotions, de se comparer subjectivement aux autres et de cette manière de réaliser qu'ils ne sont pas les seuls à vivre une situation difficile. Les participants ont l'occasion d'exprimer leurs sentiments et de partager, ainsi que de développer de nouvelles stratégies d'adaptation.

Le parrainage

Le parrainage consiste à mettre en relation des personnes vivant le même événement. Contrairement aux groupes d'entraide, la relation d'aide est dans ce cas essentiellement dyadique. Elle se base sur un jumelage d'individus endeuillés avec d'autres individus ayant eux-mêmes vécu et traversé un deuil.

Les fondements du parrainage reposent sur l'idée qu'une personne ayant vécu une situation difficile est souvent bien placée pour aider une autre personne dans cette même situation. Il est donc possible qu'une approche dyadique favorise la formation d'une relation intime et soutenante avec une personne réceptive à qui l'on s'est confié dans des moments pénibles. Les liens créés à l'occasion du parrainage peuvent être temporaires ou durables. Ils peuvent se maintenir jusqu'à la fin de l'événement difficile, jusqu'à l'adaptation de la transition ou encore jusqu'à ce que le réseau habituel soit en mesure de soutenir la personne endeuillée. Les liens avec la personne de référence peuvent aussi devenir plus durables si les partenaires continuent spontanément d'entretenir une relation amicale, suivant leurs besoins et leurs désirs respectifs. Pour ce faire, il faut toutefois que le jumelage soit effectué en tenant compte des similarités entre les partenaires et de leurs habiletés relationnelles.

Le parrainage relève du bénévolat. Les personnes qui s'engagent dans le bénévolat auprès des endeuillés le font à partir de motivations personnelles et altruistes. Or, il est important que la personne bénévole qui s'inscrit dans des activités de parrainage ou d'entraide soit consciente de la nature de son engagement et des limites de son rôle.

La relation des bénévoles avec les endeuillés se situe sur le plan existentiel, c'est-à-dire au niveau de la solidarité humaine. Bien que l'intervention des bénévoles ne soit pas un geste professionnel, cela ne minimise pas pour autant sa valeur. On ne parlera pas ici d'exigences professionnelles ni de compétences particulières pour définir les atouts des candidats bénévoles. Il s'agit plutôt d'inventorier des qualités et des attitudes qui forgent des personnalités accueillantes et altruistes. Nommons, à titre d'exemple, la capacité d'écouter, le respect de l'autre, la discrétion, la capacité d'établir un climat de confiance, la capacité de transiger avec des expériences de vie différentes des siennes, le sens de l'humour, la connaissance et l'acceptation de soi-même, le sens du discernement, etc. Bien entendu, à ces qualités ou attitudes personnelles, s'ajoutent la disponibilité physique requise et un équilibre personnel qui permet la disponibilité intérieure à la souffrance des autres.

Les organismes communautaires d'entraide et les groupes rattachés à des institutions sont de plus en plus sensibilisés à l'importance d'une formation pour les bénévoles désireux de faire de l'accompagnement auprès des endeuillés. La plupart des formations s'articulent autour de trois grands axes. Le premier est celui de l'acquisition de connaissances suffisantes sur le deuil. Le second se réfère au développement d'habiletés d'accompagnement et de soutien. Les attitudes aidantes sont explorées de même que les gestes et les comportements qui favorisent l'accompagnement, le parrainage ou l'entraide au sein d'un groupe. Finalement, la formation touche le savoir-être. On y aborde des questions relatives à l'utilisation des expériences personnelles de deuil des aidants et au recul nécessaire pour ne pas se laisser happer par la relation d'aide. On y traite de la façon de ne pas se laisser prendre aux écueils menaçant la qualité du bénévolat et de l'accompagnement. Deux principaux écueils sont à éviter dans la relation de parrainage de même que dans la relation d'entraide: la réactivation chez l'aidant de zones de vulnérabilité associées à ses propres deuils et le sentiment qu'il est responsable de la résolution du deuil de la personne qu'il aide.

Les groupes d'entraide

Dans le cas des groupes d'entraide, le principe moteur de l'intervention de soutien est le même, à savoir qu'une personne ayant vécu ou vivant une difficulté est habituellement mieux placée pour aider les autres affrontant la même difficulté. On les nomme également groupes d'aide mutuelle ou groupes de pairs. L'application de ce principe s'effectue en misant sur la force du groupe plus que sur la rencontre entre les individus. En effet, les groupes d'entraide réunissent plusieurs personnes affectées par un deuil. Ces groupes revêtent des formes et des structures variées quoique leurs objectifs soient identiques. Les facteurs communs aux groupes d'entraide sont donc la mutualité, le partage collectif et l'affinité (Guay, 1984).

Les groupes d'entraide ont pour principal objectif l'amélioration de la qualité de l'aide disponible dans l'environnement des personnes atteintes par la perte d'un être cher. Ils énoncent leurs objectifs de diverses manières, mais dans tous les cas on retrouve l'idée de l'amélioration de la qualité de vie des endeuillés et de partage des expériences mutuelles entre personnes endeuillées. Les membres de ces groupes sont donc des individus ayant vécu un deuil dans un passé plus ou moins lointain. D'ailleurs, plusieurs groupes de deuil ont été initiés par une personne endeuillée ayant éprouvé de nombreuses frustrations devant le manque de ressources adéquates dans sa communauté au moment où elle en avait le plus besoin.

Une enquête menée par Rubey et McIntosh pour l'Association américaine de suicidologie (1996) souligne que, sur les 149 groupes d'entraide répertoriés, la plupart sont ouverts (les participants peuvent y entrer ou en sortir à n'importe quel moment). Les résultats de cette enquête révèlent que ces groupes ont été mis sur pied depuis quelques années seulement; les séances ont lieu une à deux fois par mois; il y a environ 10 participants par rencontre (ce petit nombre favorise le partage d'expériences) et ces organismes sont souvent subventionnés par des services sociaux ou de santé mentale. Le leadership de la majorité des groupes d'entraide est assuré soit par un professionnel de la santé mentale, soit par un intervenant (*facilitator*) possédant une certaine formation dans ce domaine, ou par les deux. Ils sont offerts à des gens de tout âge, mais il existe beaucoup moins de services disponibles pour les enfants et les adolescents. Les sujets les plus fréquemment discutés au cours des rencontres sont des thèmes très diversifiés liés à la dépression, aux habiletés d'adaptation, aux moments critiques du deuil (l'anniversaire du décès), aux interactions familiales, à la spiritualité, aux idéations suicidaires, à l'espoir, ainsi que des discussions en regard des funérailles, etc.

Les fonctions exercées par les différents groupes d'entraide ont fait l'objet de recherches (Gottlieb, 1982; Levine, 1988; Maton, 1988; Romeder, 1982; Videka-Sherman, 1982). Nous reprenons ici, en traduction libre, les huit éléments résumant les principales fonctions des groupes d'entraide selon Orford (1993):

Fonctions exercées par les groupes d'entraide:

1. Fournir un soutien émotif
2. Transmettre des modèles d'ajustement
3. Donner un sens aux événements
4. Transmettre des informations
5. Faire l'échange de stratégies d'adaptation
6. Offrir l'occasion d'aider d'autres endeuillés
7. Enrichir le réseau social, le compagnonnage
8. Accroître le sens de la maîtrise des événements

Les fonctions des groupes d'entraide chez les endeuillés s'apparentent assez bien à cette façon de les décrire. Ils offrent de toute évidence un soutien émotif à leurs membres. Ceux-ci, par leurs interactions mutuelles et par leurs échanges, suggèrent les uns aux autres des modèles de comportement permettant d'affronter différentes situations caractéristiques du deuil. La quête de sens est une des préoccupations récurrentes des endeuillés. Le sujet est fréquemment abordé, même si les animateurs de ces groupes se gardent bien, avec raison, de chercher à imposer des explications et des valeurs aux membres.

La fonction de transmission d'information est habituellement bien gérée dans les groupes d'entraide pour les endeuillés. De la documentation diverse est mise à la disposition des participants au sujet des services disponibles dans la communauté. L'entraide aux endeuillés ne se limite pas à la circulation d'information. Les groupes offrent fort souvent à leurs membres des documents bien garnis en conseils pour aider les endeuillés à passer à travers des moments plus difficiles. Soulignons que l'une des activités les plus appréciées au sein du groupe est le partage entre endeuillés, plus ou moins récents, des façons de s'en sortir.

Participer à un groupe d'entraide est une décision qui est souvent prise lorsque l'on sent que son entourage ne peut plus répondre à ses besoins du moment; un désir d'étendre son réseau social est alors ressenti. D'autre part, certains endeuillés découvriront, par leur expérience au sein du groupe d'entraide, le goût de s'impliquer auprès des autres. Dans leur malheur, le groupe d'entraide leur donne l'occasion d'aider d'autres personnes, les faisant ainsi se sentir de nouveau utiles. Finalement, les membres des groupes d'endeuillés, au fur et à mesure que se fait la résolution du deuil, acquièrent une plus grande maîtrise des événements. Le deuil laisse une souffrance, mais les endeuillés se rendent compte qu'il est possible de gérer leur vie même lorsqu'elle est marquée d'une telle cicatrice.

L'expérience de partage offerte par l'entremise des groupes d'entraide permet aux endeuillés d'apprivoiser la possibilité de discuter du décès de l'être aimé. Ils pourront ainsi en parler avec plus de facilité à l'extérieur du groupe. Par le fait même, certains briseront l'isolement dans lequel ils se retrouvent et percevront peut-être d'autres individus comme des aidants naturels.

Les groupes d'entraide tiennent des réunions régulièrement et visent habituellement l'échange d'expériences et de stratégies d'adaptation utilisées par les endeuillés, ainsi que la transmission d'information sur les ressources disponibles dans la communauté. Les rencontres peuvent être structurées et contrôlées par les membres eux-mêmes. Le soutien que les gens y retrouvent est issu de trois grandes sources. La mise en présence d'autres endeuillés confirme à la personne affligée qu'elle n'est pas seule à vivre la perte d'une personne importante dans sa vie. Par ailleurs, elle trouve un lieu permissif et ouvert à l'expression de toutes les réactions de deuil. Finalement, les endeuillés y trouvent toutes sortes de renseignements et de la documentation sur des sujets qui les intéressent. Mentionnons que quelques groupes d'entraide contactent périodiquement l'ensemble de leurs membres par l'intermédiaire d'un bulletin de liaison. Certains de ces groupes bénéficient aussi régulièrement ou occasionnellement de la présence de professionnels qui rendent alors disponible leur expertise en matière de mort et de deuil.

On recense au Québec plusieurs groupes d'entraide en matière de deuil. Certains regroupent des gens de tous âges affectés par des décès des plus diversifiés, tandis que d'autres réunissent des gens dont la situation de perte est identique ou du moins apparentée. Les groupes d'entraide peuvent avoir comme facteur d'unité le statut de la personne décédée – tel est le cas dans les groupes d'endeuillés ayant perdu un enfant –, ou le type de décès – par exemple dans le cas des groupes réunissant des survivants au suicide d'un des leurs ou encore des familles meurtries par la mort au berceau (c'est-à-dire le syndrome de mort subite).

Des groupes qui ont été mis sur pied il y a un bon nombre d'années et sont répandus dans plusieurs régions et regroupés en réseau. Parmi ceux-ci, nommons Les Amis compatissants ou Le mouvement Albatros. D'autres groupes ont quelques années de service dans la communauté et conservent une taille modeste qui leur convient. Ainsi, Deuil-secours de Montréal réunit régulièrement des gens affectés par des deuils de différentes natures. D'autres groupes sont rattachés à une institution ou indirectement soutenus par des organismes ou institutions du secteur public tels que des CLSC.

Les groupes de soutien

Les groupes de soutien sont souvent confondus avec les groupes d'entraide. Il est donc important de souligner que les groupes de soutien diffèrent des groupes d'entraide en vertu d'un plus grand engagement des professionnels et du soutien apporté aux cas individuels. De plus, les objectifs des groupes de soutien penchent davantage du côté de la résolution de problèmes et de la relation d'aide tout en reconnaissant le caractère bénéfique de l'entraide. Ces groupes offrent des rencontres structurées pendant lesquelles les endeuillés entreprennent une démarche facilitant la résolution du deuil. Ils font appel à des techniques misant à la fois sur la démarche individuelle et la démarche de groupe. Chaque rencontre est guidée par un professionnel dont le rôle est de coordonner la rencontre et de faciliter l'interaction entre les participants.

Précisons que la structure de fonctionnement n'est pas la même dans tous les groupes de soutien. Certains fonctionnent à partir d'un éventail de rencontres dont le nombre est déterminé à l'avance autour de thèmes connus. Par exemple, un groupe annoncera six rencontres autour de sujets précis. Parmi les sujets abordés par les groupes de soutien, il est fréquent de retrouver des thèmes tels que: nommer la perte, apprendre à exprimer ses émotions, le processus de résolution de deuil, repérer des sources de soutien dans son entourage et les ressources disponibles dans sa communauté, etc.

Au-delà des différences liées à la structure des groupes, il existe aussi de grandes divergences quant à la forme de soutien offert. Certains groupes proposent des rencontres fermées, c'est-à-dire réunissant toujours les mêmes participants qui se revoient de semaine en semaine, alors que d'autres groupes de soutien optent pour des rencontres ouvertes dans lesquelles les participants se présentent régulièrement ou non, selon leurs besoins. La durée du soutien offert est aussi variable. Des groupes offrent un nombre limité de rencontres alors que d'autres ne limitent pas le nombre de rencontres auxquelles un endeuillé peut participer. Dans la composition des groupes, il existe aussi des divergences quant à la nature de la relation que les endeuillés entretenaient avec la personne décédée. Certains groupes préfèrent avoir une homogénéité des participants. Ainsi, on verra des groupes exclusivement composés de parents, des groupes d'enfants, des groupes de conjoints, etc. Toutefois, certaines organisations préconisent l'hétérogénéité des participants parce que celle-ci favorise un dialogue plus ouvert entre les endeuillés. Par exemple, on observera dans un même groupe des parents endeuillés et des conjoints endeuillés.

Par ailleurs, les participants au groupe, en fonction de leurs expériences variées, deviennent des aidants naturels les uns des autres. Dans un groupe de soutien, certains endeuillés sont plus avancés dans leur processus de deuil. Ils permettront donc aux plus récents endeuillés de garder espoir et d'avoir la confirmation que la douleur s'amoindrira avec le temps. En ayant le sentiment de pouvoir aider d'autres personnes, les endeuillés sont alors rassurés face à leurs propres capacités d'aide ainsi que par rapport à leur sentiment de compétence personnelle. Dans ces conditions, ils prennent conscience que l'expérience d'une perte tragique ne semble pas s'être produite en vain, puisque l'aide qu'ils apportent aux autres leur permet de donner un sens à l'événement et ainsi de dépasser leur peine.

Plusieurs groupes de soutien offrent des thérapies de deuil dans lesquelles les individus s'engagent dans une démarche de résolution de problèmes personnels, soutenue par l'effet de la démarche de groupe. Des CLSC, des centres hospitaliers et des centres de soins palliatifs donnent aux endeuillés l'occasion de faire partie d'un groupe de soutien. Des organismes communautaires de même que des centres de prévention du suicide et des centres d'intervention de détresse offrent également cette possibilité. Mentionnons que des groupes de soutien ou des groupes de thérapie de deuil sont aussi animés par des professionnels en pratique privée. Les formules varient d'un groupe à l'autre, mais les objectifs ciblés sont les mêmes.

L'efficacité du soutien et de l'entraide se traduit généralement par la satisfaction des participants actuels ou antérieurs de ces différents groupes. Or, on peut difficilement mesurer l'efficacité de telle formule par rapport à telle autre, l'évaluation de la portée des groupes d'entraide étant relativement complexe. Les chercheurs éprouvent de nombreuses difficultés à le faire puisque les variables sont peu contrôlables et qu'il est difficile d'y appliquer, à l'étape de l'évaluation, des devis de recherche expérimentale classique (Lavoie, 1989). Toutefois, il ressort de l'expérience des endeuillés et des études de satisfaction que des facteurs de satisfaction sont identifiables et que l'entraide est considérée comme aidante. La plupart des participants à ces groupes disent en retirer plus qu'il n'ont l'impression de donner et ce, en dépit du principe de réciprocité de l'aide. La majorité des aidés se sentent soutenus, reconnus et stimulés. De façon générale et malgré certaines différences de structures, il semble que les effets positifs soient assez similaires d'un groupe à l'autre (Hopmeyer et Werk, 1994; Lund et Caserta, 1992; Liberman et Borman, 1986; Knight *et al.*, 1980).

UN PROGRAMME DE SOUTIEN: EXEMPLE DES CENTRES DE PRÉVENTION DU SUICIDE

Puisque le suicide est un sujet tabou et particulièrement troublant, les endeuillés se retrouvent souvent seuls à tenter de donner un sens au geste suicidaire. En effet, leur entourage a tendance à éviter d'aborder ce «sujet délicat» parce qu'il est mal à l'aise face à ce type de décès. Ainsi, la recherche subséquente d'un nouvel équilibre est souvent un long chemin tortueux.

C'est dans cette perspective que plusieurs Centres de prévention du suicide (CPS) au Québec offrent aux personnes endeuillées un programme de soutien. Ce programme est basé sur l'intervention de réseau et inclut une ou des entrevues individuelles ou familiales ainsi que la participation à un groupe de soutien.

Prise de contact

Les entrevues initiales peuvent prendre place soit aux locaux du CPS soit au domicile de la famille. Après un suicide, il arrive fréquemment que les voies de la communication, tant à l'intérieur qu'à l'extérieur de la famille, soient brisées. Les sentiments d'autoaccusation, la crainte des reproches, exprimés ou non, et les déceptions sont autant de facteurs qui entravent le partage des émotions. Les premières rencontres doivent permettre aux endeuillés d'exprimer leur douleur et, du même coup, d'établir entre eux un réseau de communication plus efficace. Cette prise de contact sert également à dépister les individus qui auraient besoin d'un soutien à plus long terme. C'est donc à ces personnes qu'on proposera de participer au groupe de soutien.

Le groupe de soutien

Le groupe de soutien est habituellement constitué de six à huit personnes endeuillées et de deux animateurs. Il s'agit d'un groupe fermé auquel aucun autre participant ne pourra s'ajouter au cours du cheminement. Par ailleurs, l'homogénéité en fonction de la nature de la perte (conjoint, enfant ou autre) n'est pas favorisée, puisque les émotions qui sont partagées se ressemblent. Par contre, puisque le programme est basé sur une approche d'intervention de réseau, on note qu'une homogénéité du statut socioéconomique des participants favorise la création de liens entre eux qui se poursuivent bien souvent en dehors des rencontres du groupe.

Le groupe se réunit généralement 8 à 12 fois à une fréquence variable qui s'étend sur une année. Chacune des rencontres est organisée autour d'un thème. Ces thèmes assurent un cheminement progressif du travail de deuil et offrent aux endeuillés l'occasion d'explorer leurs émotions en fonction des différentes étapes du processus de deuil. À la fin des rencontres, les animateurs assurent des rencontres de suivi avec le groupe, à plusieurs mois d'intervalle chacune. Dans ces conditions, les endeuillés sont assurés d'un soutien pendant toute une année et d'obtenir de l'aide au moment des dates critiques (date d'anniversaire, par exemple).

Quatre grands objectifs sont poursuivis par le biais de cette démarche:

1. Le premier vise à offrir aux endeuillés un lieu où il leur est permis d'exprimer leur peine et d'avoir des témoins de leur douleur et ce, dans un contexte de respect, d'absence de jugement et sans crainte de réprobation sociale.

2. Le deuxième objectif vise à permettre aux endeuillés, par un phénomène de comparaison sociale, de se rendre compte qu'ils ne sont pas les seuls à vivre une expérience tragique. De plus, le fait que certaines personnes soient plus avancées dans leur processus de résolution du deuil permet aux plus récents endeuillés de garder espoir et ainsi d'avoir la confirmation que leur douleur s'amoindrira avec le temps.

3. Le troisième objectif est de permettre aux endeuillés d'apprendre de nouvelles stratégies d'adaptation par l'échange de leurs expériences.

4. Enfin, le dernier objectif vise à procurer aux individus qui participent au groupe la possibilité d'augmenter le nombre de leurs liens interpersonnels, de faire en sorte d'enrichir leur réseau social grâce aux autres membres du groupe.

Les rencontres de deuil sont toujours un moment privilégié de contacts touchants, en plus d'être remplies d'émotivité. Des gens qui ne se sont jamais vus établissent rapidement des liens et discutent sans fausse pudeur du drame qui est leur, des insécurités personnelles qui souvent les étouffent, de leurs rêves et de leurs déceptions. Lorsque quelqu'un s'exprime, les regards des autres participants le soutiennent intensément et la compréhension de ce qui est exprimé par l'un transcende les mots et révèle la réalité des autres. Cette communion des sentiments met à nu les angoisses les plus profondes et permet aux non-dits d'être exprimés, entendus et reçus. Le partage des émotions donne lieu tantôt à des larmes, tantôt à des rires, comme un *crescendo* à la fois troublant et réconfortant.

Les rencontres durent environ deux heures, mais elles sont maintes fois prolongées sur le seuil du local de réunion: le moment d'une dernière phrase d'encouragement, d'un soupir, d'une larme. À l'approche de la dernière rencontre, l'anxiété augmente chez les participants, car ils craignent cette nouvelle séparation. Cette coupure doit donc être préparée plusieurs semaines à l'avance afin qu'ils puissent vivre une perte moins violente que celle qui les a amenés à participer au groupe de soutien. De cette manière, les participants expérimentent une nouvelle séparation sans que celle-ci provoque une blessure à leur image de soi et à leur intégrité personnelle.

Nous croyons que l'entraide, le soutien et la création de nouveaux liens sont des moyens efficaces et constituent l'une des variables importantes dans la réalisation du processus de deuil. En accordant un soutien à des personnes au moment d'un deuil difficile, nous espérons réduire les possibilités que ce deuil se complique et suscite, par le fait même, la reproduction du geste suicidaire.

CONCLUSION

Les endeuillés doivent être soutenus à l'occasion du deuil; des services d'aide et d'entraide doivent leur être offerts. En proposant cette aide, nous ne faisons pas que de la postvention, mais aussi de la prévention des conduites suicidaires chez une très large population.

Néanmoins, nous ne voulons pas suggérer ici que tous les endeuillés auront besoin d'aide à la suite d'un deuil par suicide. Même si le deuil à la suite d'une perte par suicide est souvent plus difficile qu'une autre forme de deuil, il n'en est pas pour autant pathologique. Cependant, certaines personnes sont plus démunies que d'autres pour y faire face, soit à cause de caractéristiques individuelles (faible capacité de résilience) soit à cause de la pauvreté de leur réseau social.

Comme nous l'avons déjà souligné, les groupes d'entraide et de soutien social peuvent être des moyens efficaces et constituer une variable importante dans la réalisation du processus de deuil. En accordant un soutien au moment du deuil, il est possible de réduire les risques que ce deuil se complique et induise alors la reproduction de comportements suicidaires. La mise sur pied, par les CPS, de groupes de soutien aux endeuillés habituellement dispensés par des bénévoles formés et compétents donne des résultats positifs et efficaces.

Dans un cadre comme celui-ci, l'aide naturelle apportée offre plusieurs avantages. Par exemple, les participants des groupes peuvent devenir des aidants les uns des autres. Ainsi, en ayant le sentiment de pouvoir aider d'autres individus, ils seront rassurés face à leurs propres capacités et leurs sentiments de compétence personnelle en seront rehaussés. De plus, l'expression des émotions qui a lieu par l'entremise du groupe permet aux endeuillés d'apprivoiser la possibilité de discuter du suicide. Conséquemment, ils pourront ensuite en parler avec plus de facilité en dehors du groupe. Vraisemblablement, ils briseront ainsi l'isolement dans lequel ils vivaient et établiront de meilleurs contacts avec leur entourage immédiat.

Les groupes de soutien et d'entraide ne sont qu'une forme d'aide parmi tant d'autres, particulièrement centrés sur la mobilisation du soutien social. Il existe d'autres types d'aide pouvant être offerts aux endeuillés, certains étant parfois plus appropriés, selon la situation où se trouvent ces derniers. En effet, dans certains cas, une aide professionnelle est plus indiquée.

Les informations que nous avons présentées font grandement état de l'isolement social, de la culpabilité, de la colère, des sentiments de rejet et d'abandon que vivent les endeuillés, sans oublier les idéations suicidaires. Force nous est de constater qu'il est primordial que les familles en deuil puissent trouver dans leurs communautés l'aide dont elles ont besoin et qu'elles sont en droit de recevoir, afin de négocier de manière positive la résolution de leur deuil. Que cette aide soit individuelle ou qu'elle soit offerte par le biais des groupes de soutien ou des groupes d'entraide, l'important est que des services soient accessibles.

EN RÉSUMÉ

- L'intervention auprès des endeuillés doit leur permettre d'exprimer leurs émotions, de développer de nouvelles stratégies d'adaptation, de briser l'isolement social dans lequel ils peuvent se trouver et de dénouer le lien d'attachement avec le décédé.

- L'intervention proposée doit être flexible, adaptée aux besoins de l'endeuillé et ouverte à plusieurs possibilités (parrainage, groupe de soutien, groupe d'entraide, etc.).

- Si le processus de deuil semble se compliquer, il importe de procurer à l'endeuillé un soutien professionnel.

Références

Balk, D.E. (1996). Models for Understanding Adolescent Coping with Bereavement. *Death Studies*, 20, 367-386.

Gottlieb, B.H. (1982). Mutual-Help Groups: Members' View of their Benefits and of Roles for Professional. *Prevention in Human Services*, 1, 55-67.

Hétu, J.L. (1989). *Psychologie du mourir et du deuil*. Montréal: Méridien.

Hopmeyer, E. et Werk, A. (1994). A comparative Study of Family Bereavement Groups. *Death Studies*, 18, 243-256.

Knight *et al.* (1980). Self-Help Groups: The Members' Perspective. *American Journal of Community Psychological*, 8, 53-65.

Lee, R.R. et Martin, J.C. (1991). *Psychotherapy after Kohut*. Hillsdale NJ: Analytic Press.

Levinson, P. (1972). On Sudden Death. *Psychiatry*, 35, 160-173.

Lund, D.A. et Caserta, M.S. (1992). Older Bereaved Spouse Participation in Self Help Groups. *Omega: Journal of Death and Dying*, 2, 47-61.

Maton, K.I. (1988). Social Support, Organizational Characteristics, Psychological Well-Being. *Journal of Community Psychology*, 16, 53-77.

Rubey, C.T. et McIntosh, J.L. (1996). Suicide Survivors Groups: Results of a Survey. *Suicide and Life-Threatening Behavior*, 26, 351-358.

Parkes, C.M. (1975). Unexpected and Untimely Bereavement: A Statistical Study of Young Boston Widows and Widowers. *In* B. Schoenberg (Éds), *Bereavement: Its Psychosocial Aspects*. New York: Columbia University Press.

Parkes, C.M. (1972). *Bereavement Study of Grief in Adult Life*. Pelican Books.

Rando, T.A. (1991). *How to Go on Living When Someone You Love Dies*. New York: Bantam.

Sanders, C. (1982). Effects of Sudden vs. Chronic Illness Death on Bereavement Outcome, *Omega*, 13, 227-241.

Tyson, P. et Tyson, R.L. (1990). *Psychoanalytic Theories of Development: an Integration*. New Haven: Yale University.

Worden, W. (1982). *Grief Counseling and Grief Therapy*, Springer Publishing Company: New York.